ANDY DONALDSON

MAKLERFOTOS AUS DER HÖLLE

DIE SCHLIMMSTEN IMMOBILIENFOTOS DER WELT

Aus dem Englischen von Viola Krauß

DUMONT

Für meine Familie: Dad, Lesley, Gordon, Angela, David, Claire und Bram

Deutsche Erstausgabe
Juli 2015
DuMont Buchverlag, Köln

Die britische Originalausgabe erschien 2014 unter dem Titel
›Terrible Estate Agent Photographs‹ bei Square Peg,
The Random House Group Limited, London

Umschlaggestaltung: Birgit Haermeyer
Druck und Verarbeitung: Phoenix Print, Würzburg
Gedruckt auf säurefreiem und chlorfrei gebleichtem Papier
Printed in Germany
ISBN 978-3-8321-6310-5

www.dumont-buchverlag.de

Einleitung

Die Preise für Eigentum steigen und fallen, die Käufer kommen und gehen, die Ausstattung ist in und dann wieder out, doch eine Konstante gibt es auf dem Immobilienmarkt: unfähige Fotografen und ihr schlechtes Auge fürs Detail.

Dieses Buch ist eine Hommage an ein ebenso wichtiges wie verkanntes Genre der Fotografie, sowie an die Künstler, die regelmäßig ihren Beitrag dazu leisten und dabei solch grausige Werke zustande bringen.

Es ist eine Hommage an die Makler, die versehentlich ihren eigenen Daumen fotografieren. An die Makler, die nicht warten können, bis der ältliche Verwandte aus dem Foto herausgehumpelt ist. An die Makler überall auf der Welt, die beim Anblick eines ungemachten Betts in einem Zimmer mit haufenweise Unterwäsche auf dem Boden davor tatsächlich denken: »Macht nichts.« oder sogar: »Macht was her.« Klick.

Und doch kann hohe Kunst aus solch niedrigem Niveau erwachsen. Besagte Bilder sind von großer Schönheit, und zwar nicht nur aufgrund der unverantwortlich bunten Vorhänge und wilden Sofa-Überwürfe. Die hier präsentierten Bilder sind mehr als nur schlecht aufgenommene Fotos. Sie sind prächtige visuelle Belege eines flüchtigen Augenblicks, und dafür sollten wir den Immobilienmaklern dieser Erde ewig dankbar sein.

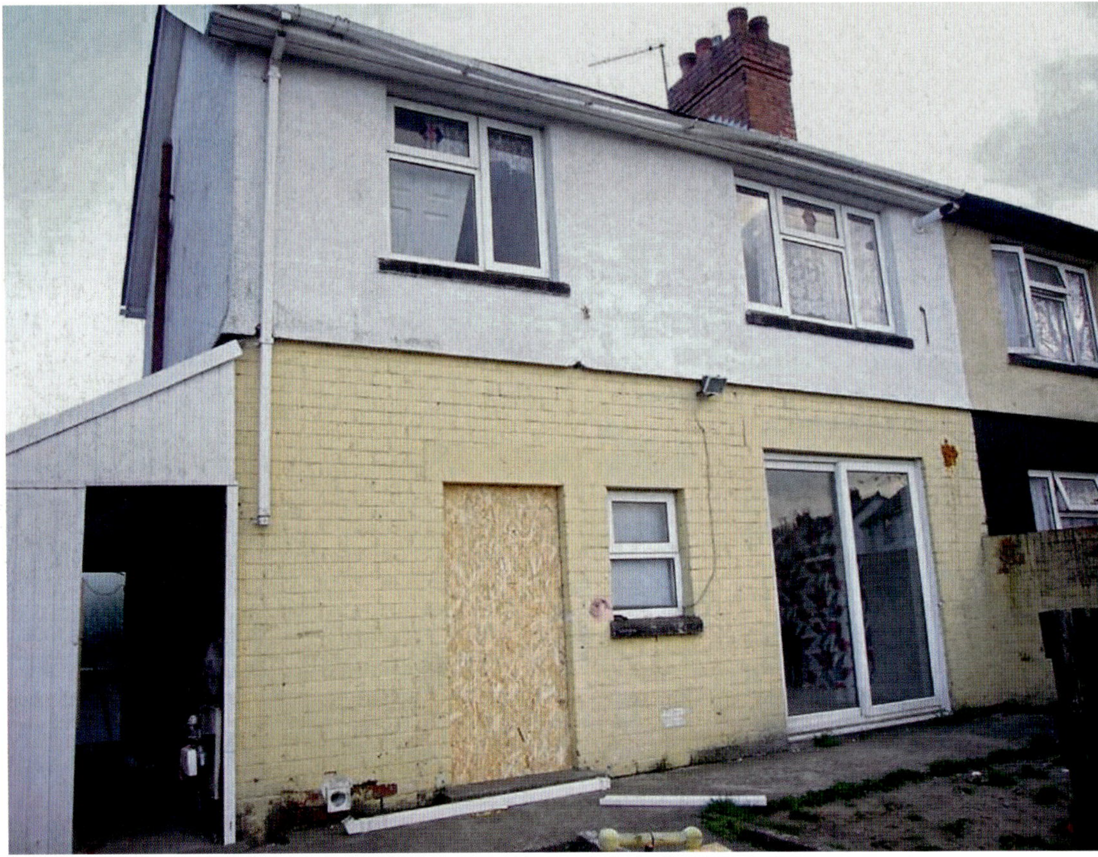

Mein Lieblingsmärchen als Kind war das über die Haustür, die dazu verdammt war, von einem Fenster im Obergeschoss auf ihren ursprünglichen Platz zu starren.

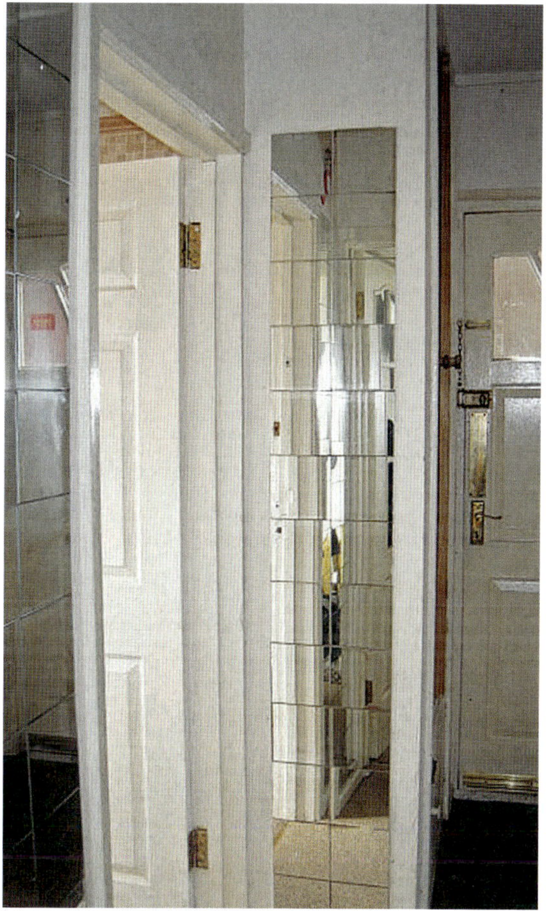

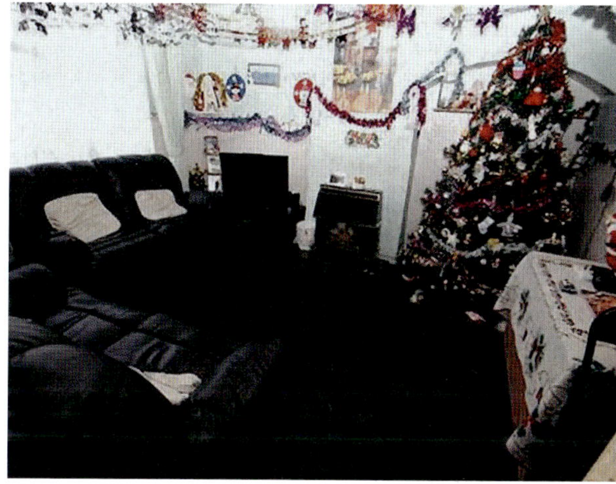

◁ Spiegel sind eine clevere Methode, um ein chaotisches Wirrwarr zu erzeugen, welches rein gar nichts über das Aussehen der Immobilie verrät.

△ Na, seit wann ist diese Wohnung wohl schon auf dem Markt?

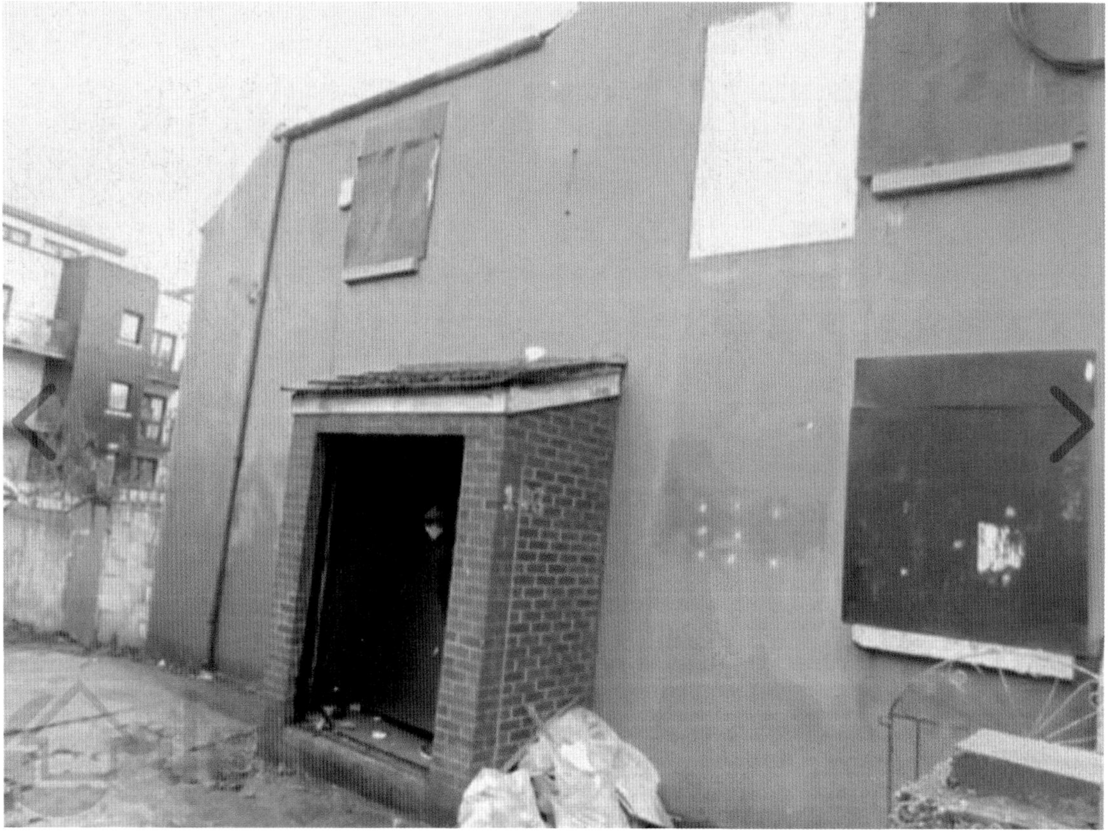

Hierbei handelt es sich entweder um einen Wohnblock mit Hausmeisterservice,
oder es uriniert gerade jemand in den Hauseingang.

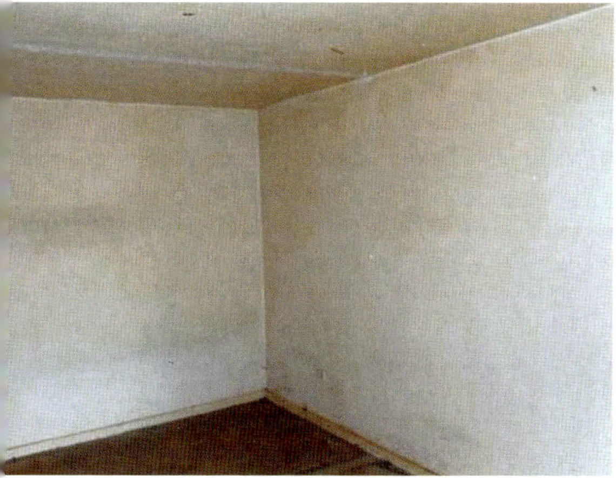

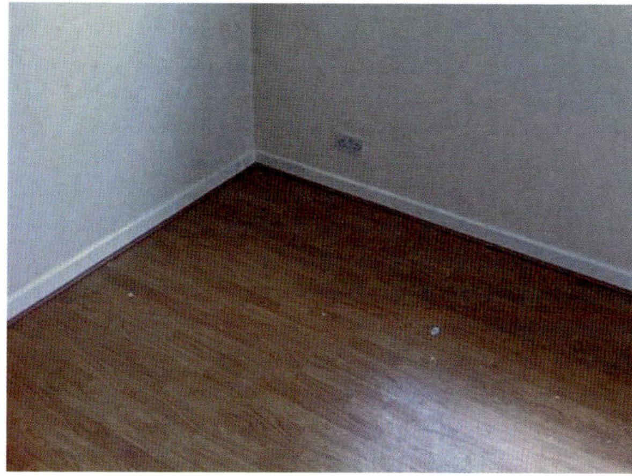

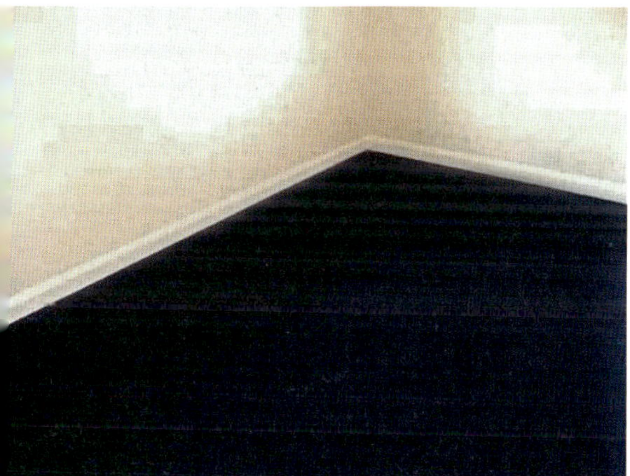

Nur wenige architektonische oder geometrische Formen vermitteln das Gefühl von Kummer und Verzweiflung so eindringlich wie eine Ecke.

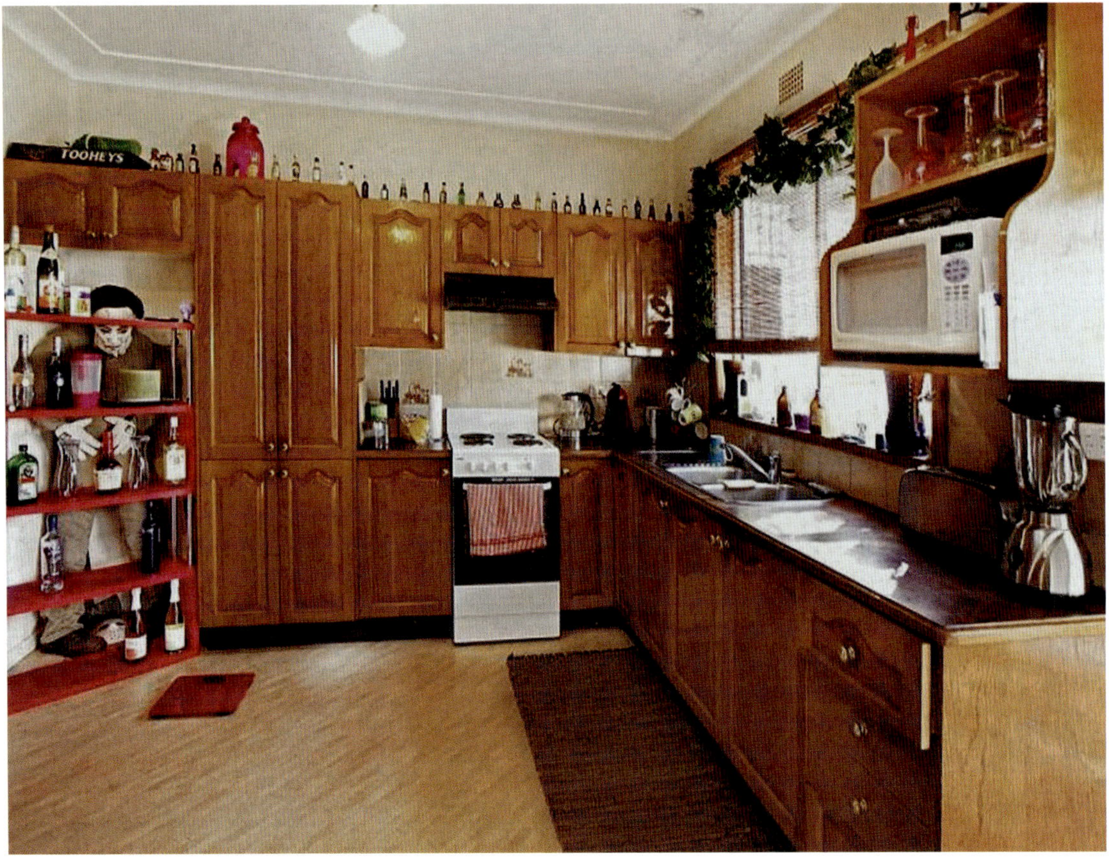

Der Käufer tut gut daran, die Messerschublade verschlossen zu halten.

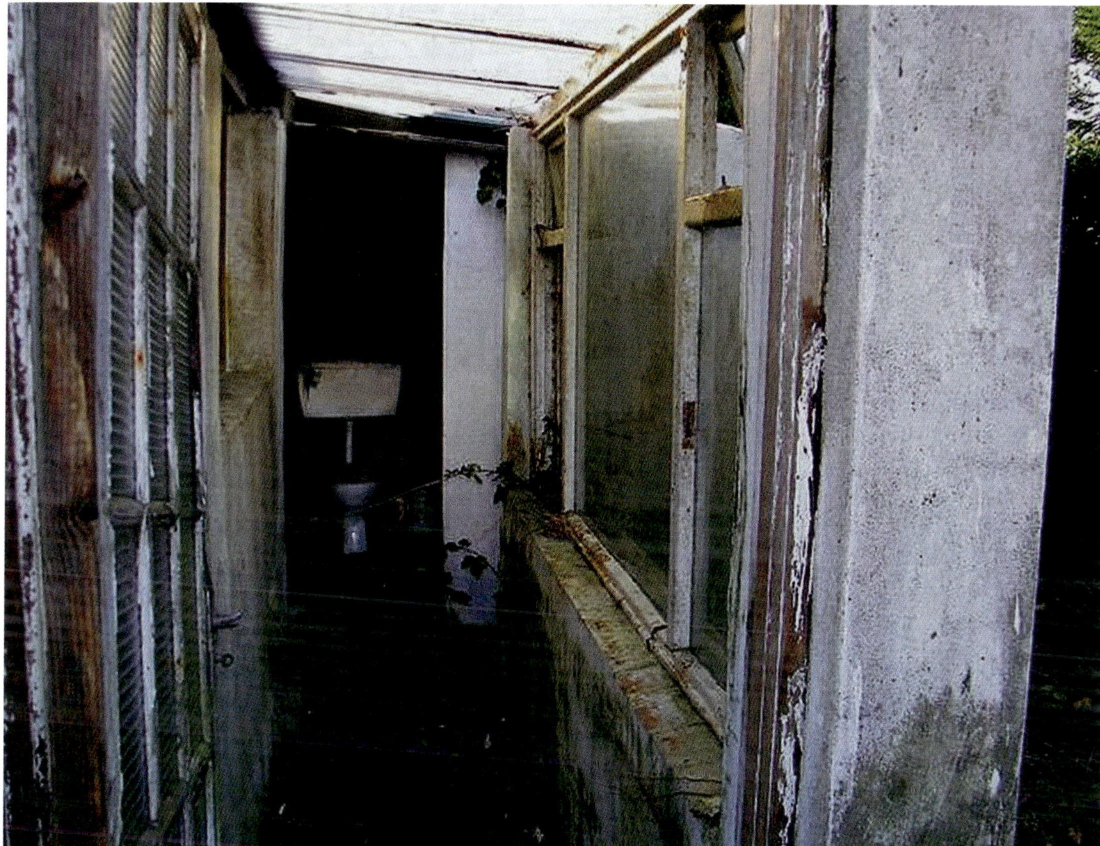

Danke, aber ich warte noch, bis wir Zuhause sind. Sind ja nur fünf Stunden Fahrt.

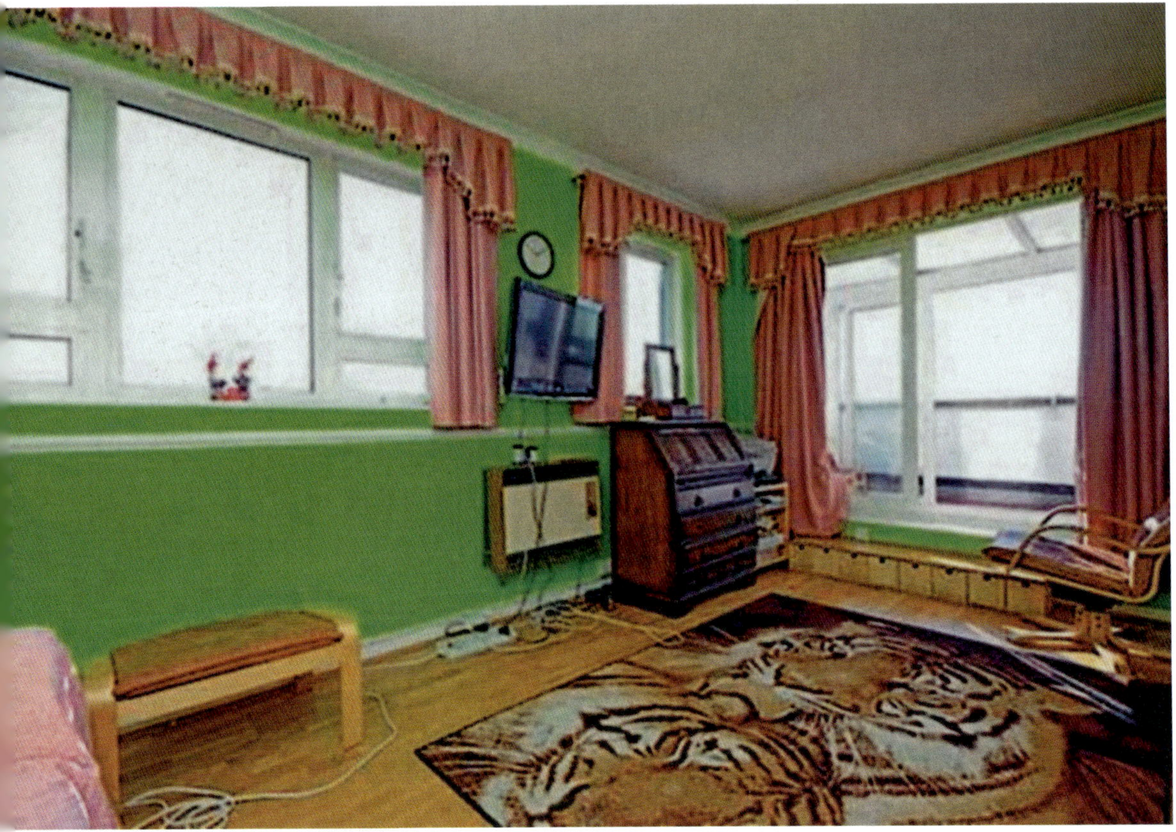

◁ Um potentielle Käufer anzulocken, meiden Sie Muster und kräftige Farben. Oder gestalten Sie jedes Zimmer wie das Innere eines migränegeplagten Hirns. Ihre Entscheidung.

▷ Was immer dieses Mobiliar getan haben mag, als man es unterbrach und ablichtete – jede Wette, dass es etwas Verbotenes war.

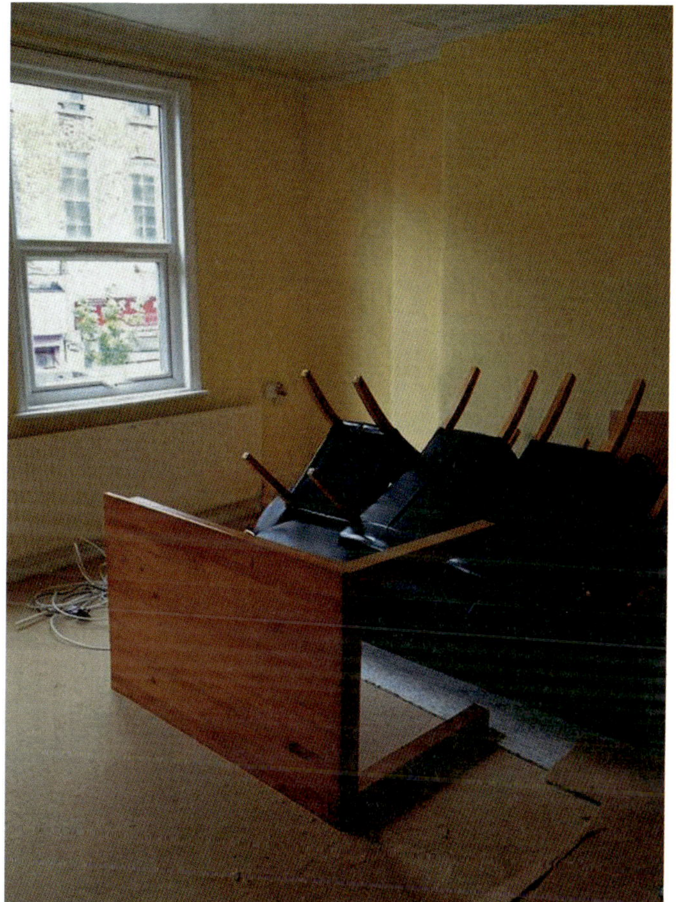

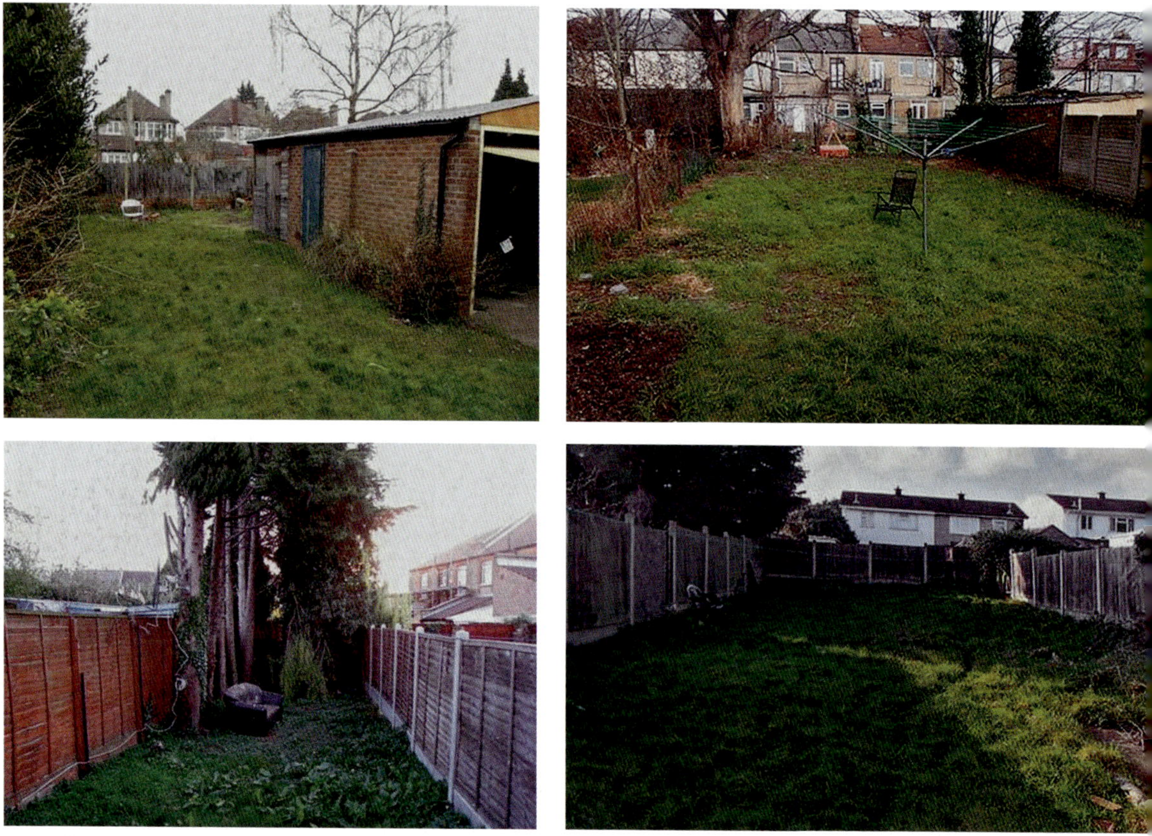

Ein ikonografisches Bild der Verzweiflung taucht in der langen Geschichte der Immobilienfotografie immer wieder auf. Bekannt wurde es unter dem Titel »Die Einsamkeit des Gartenstuhls«.

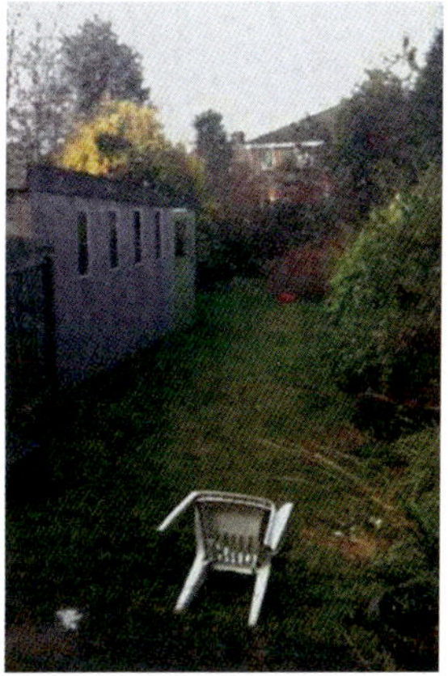

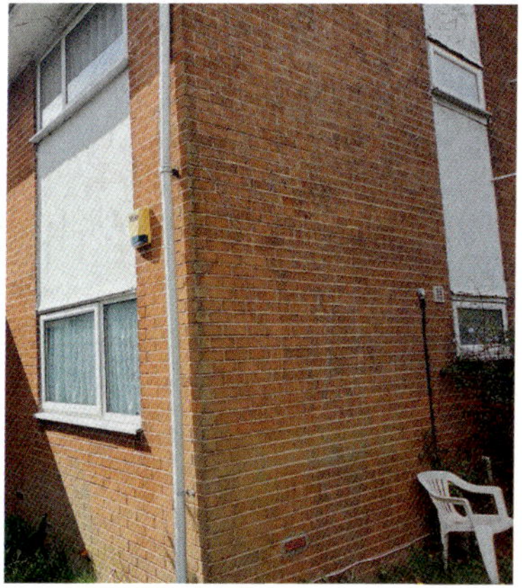

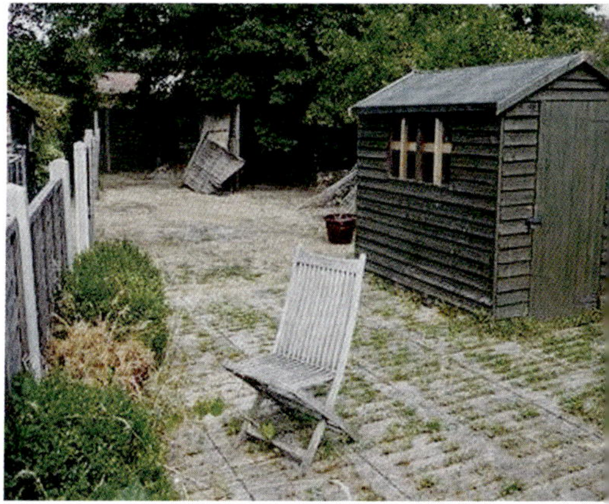

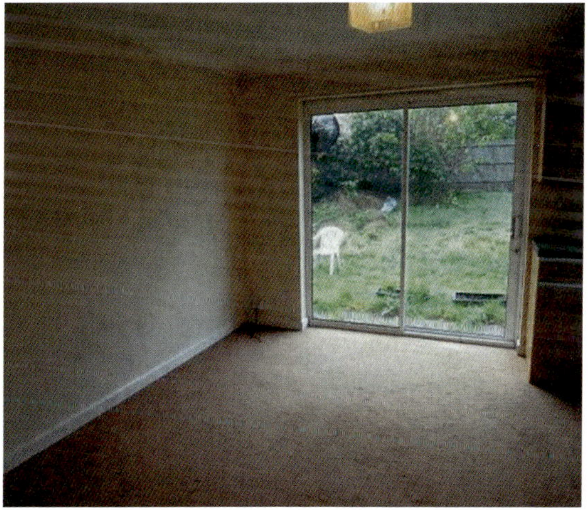

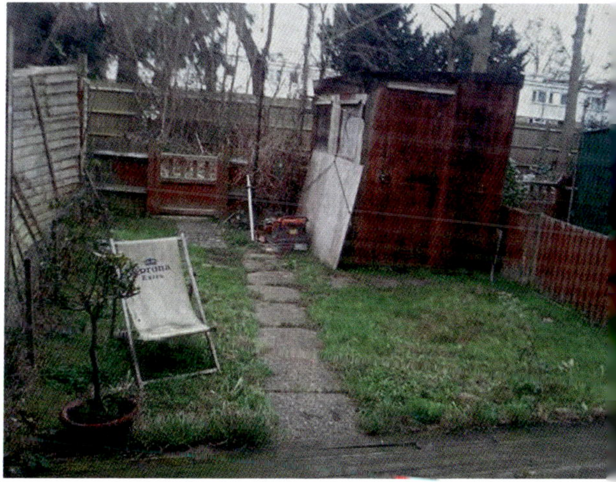

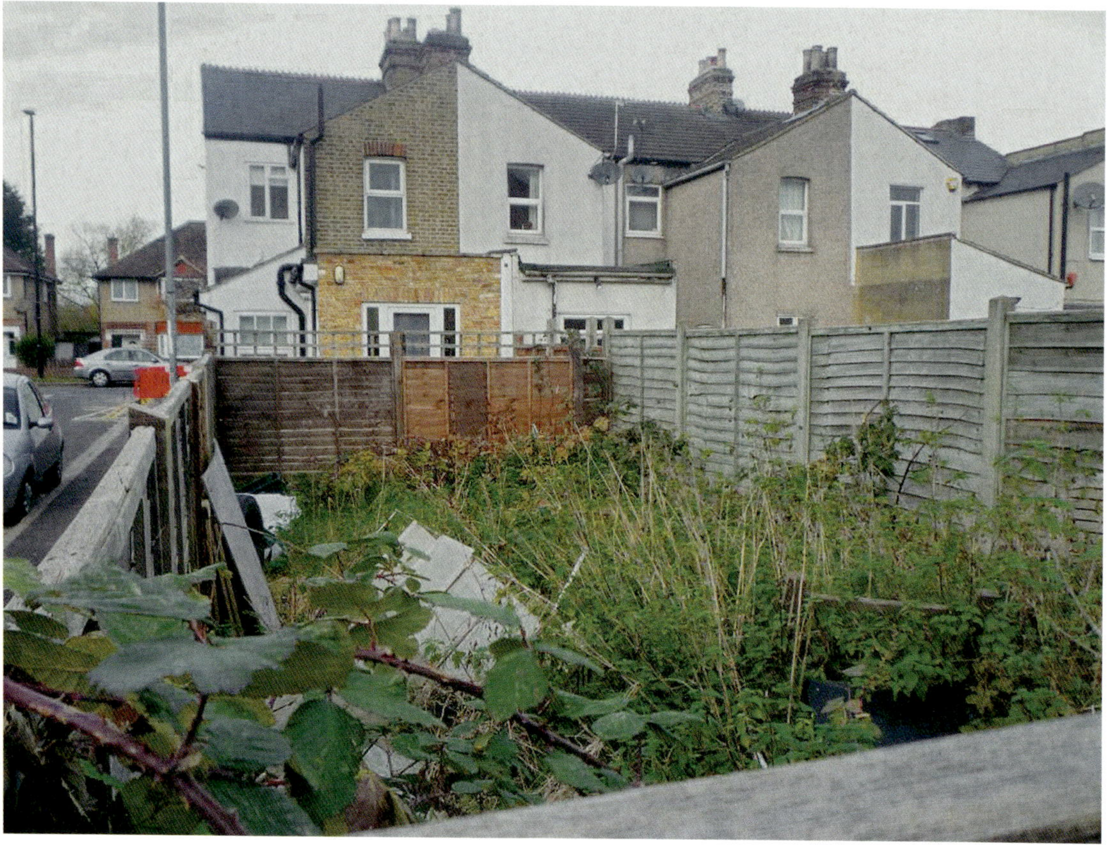

Welch seltene Gelegenheit – sämtliche Vorzüge eines mit Unkraut überwucherten Gartens ohne all die Nachteile eines dazugehörenden Hauses.

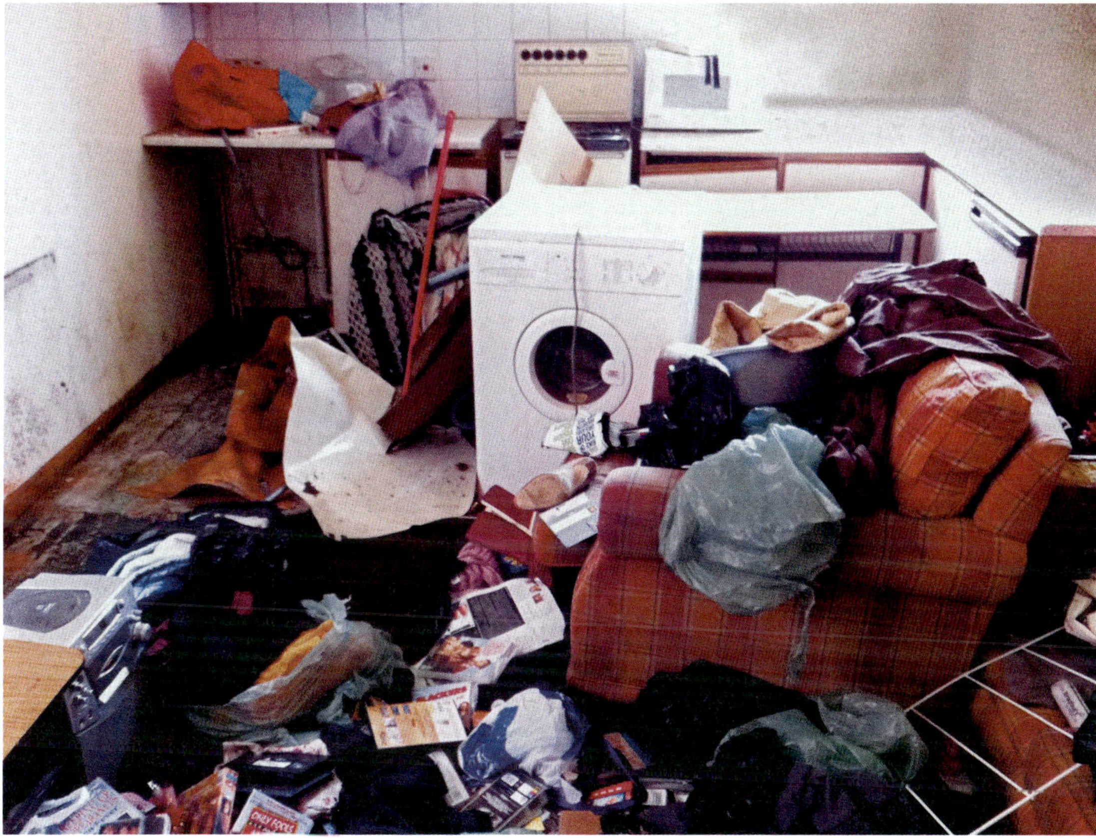

Diese Immobilie ist verfügbar, sobald die jetzigen Eigentümer mit dem Aufräumen fertig sind, was irgendwann vor den Olympischen Sommerspielen 2024 der Fall sein wird.

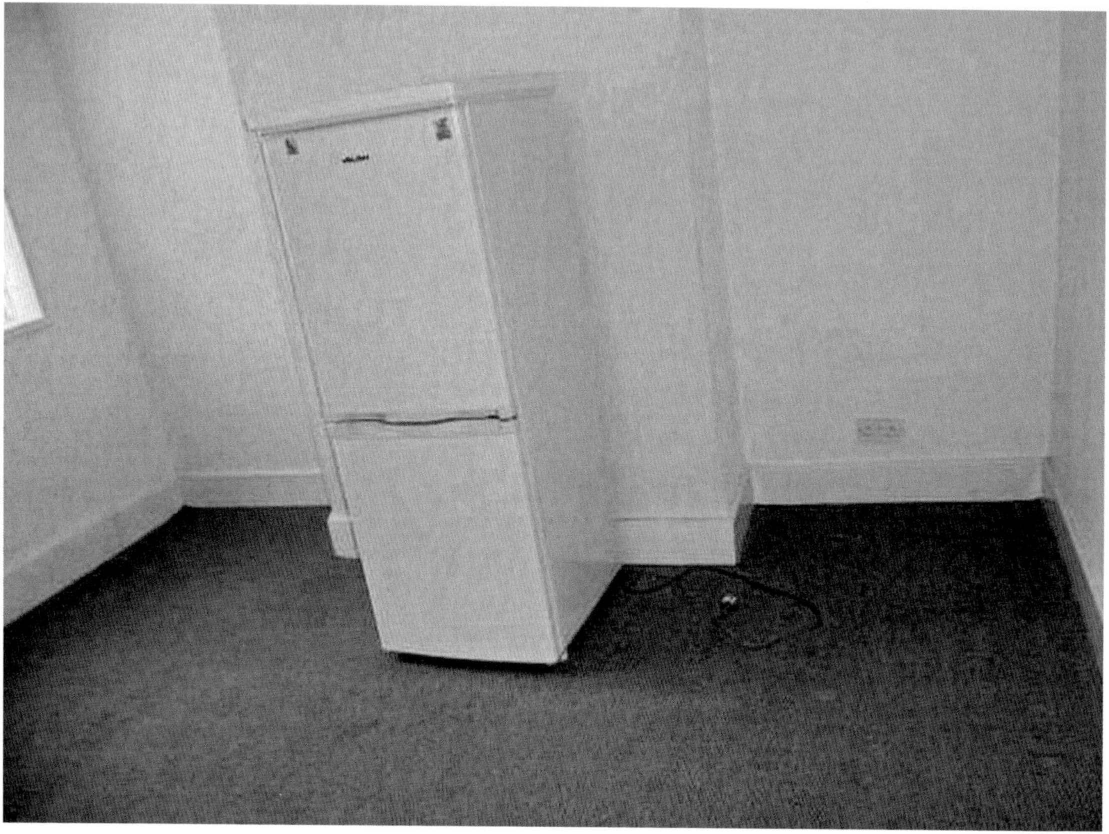

Gefrier-Kühl-Kombinationen können sichtbar depressiv werden, wenn sie längere Zeit ohne die Gesellschaft anderer Elektrogeräte auskommen müssen.

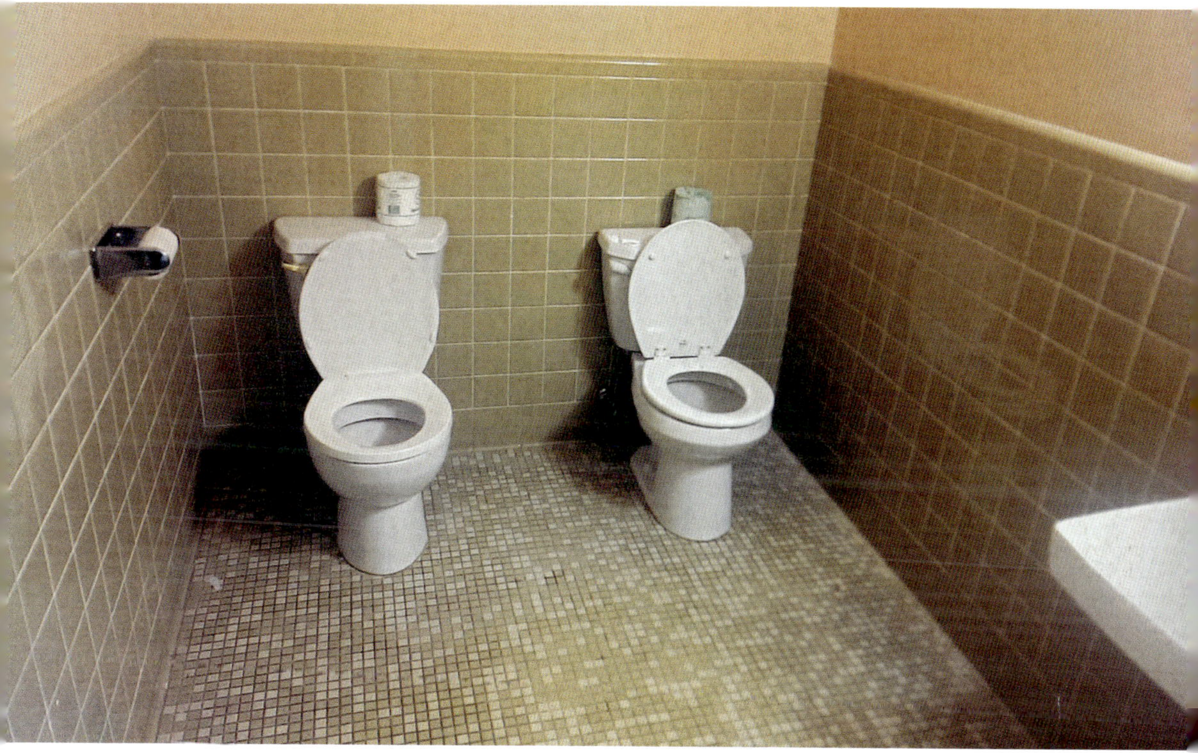

Wissen Sie was, ich halte noch ein Weilchen ein, bis wir eine dieser altmodischen Ein-Personen-Toiletten finden.

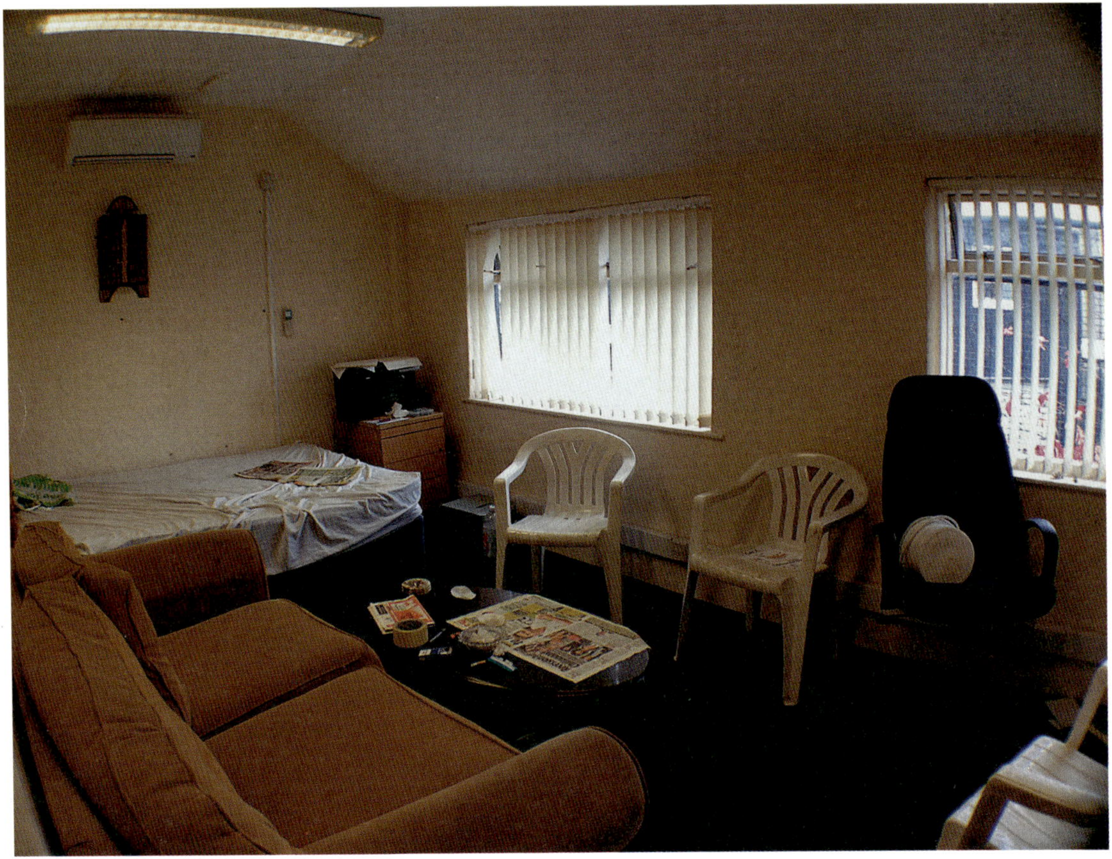

Bevor das Objekt auf den Markt kam, fungierte dieses Zimmer als Begegnungsstätte für alle möglichen Möbelstücke, die normalerweise nichts miteinander zu tun haben.

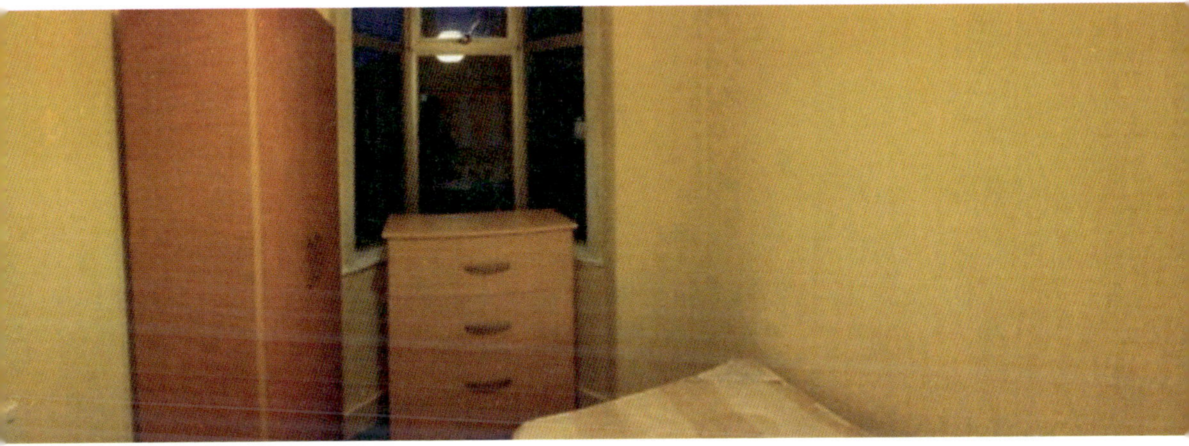

An manchen Tagen ist der Ausblick derart überwältigend, dass seine Erhabenheit nur mit Weitwinkel-Panorama-Funktion eingefangen werden kann.

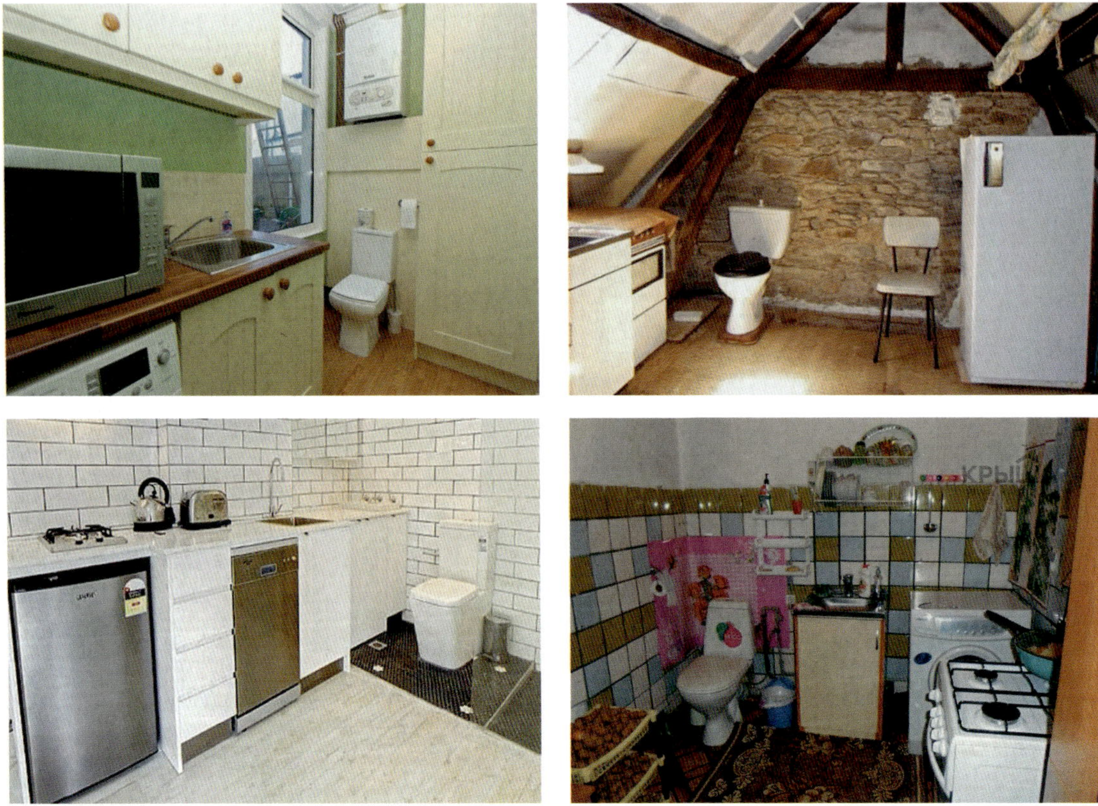

Nie war es von größerer Bedeutung, sich vor dem Essen die Hände zu waschen.

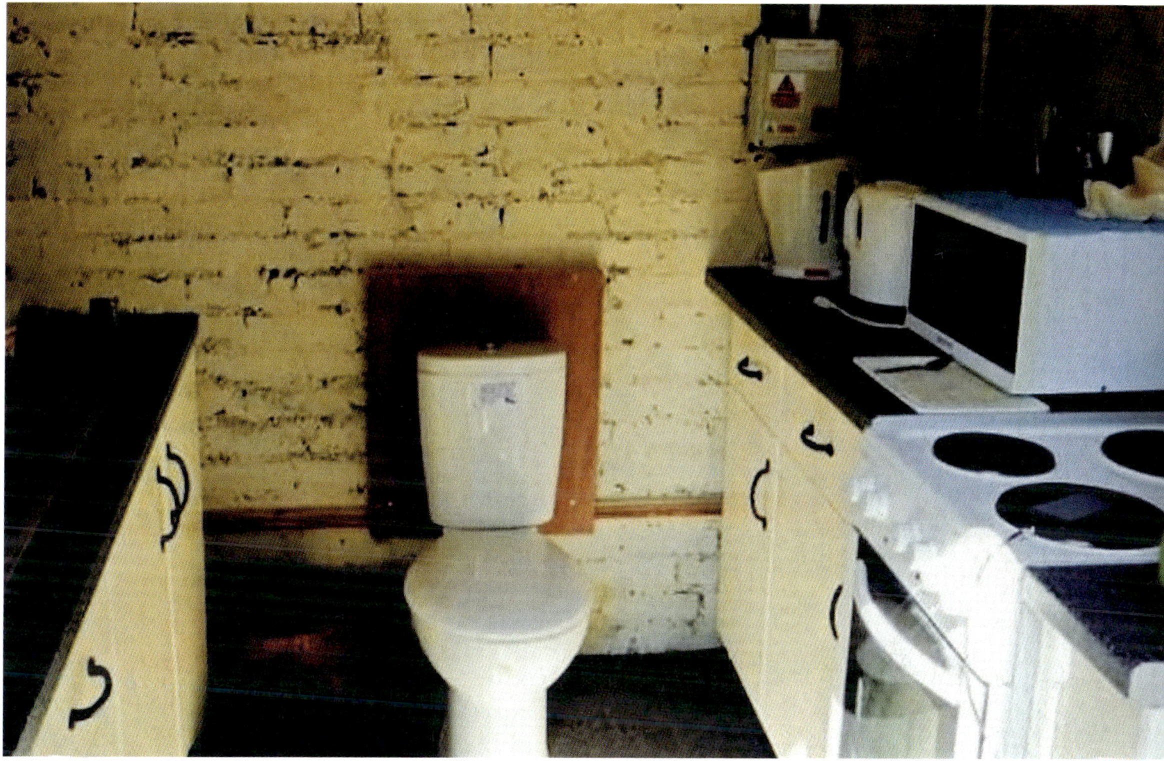

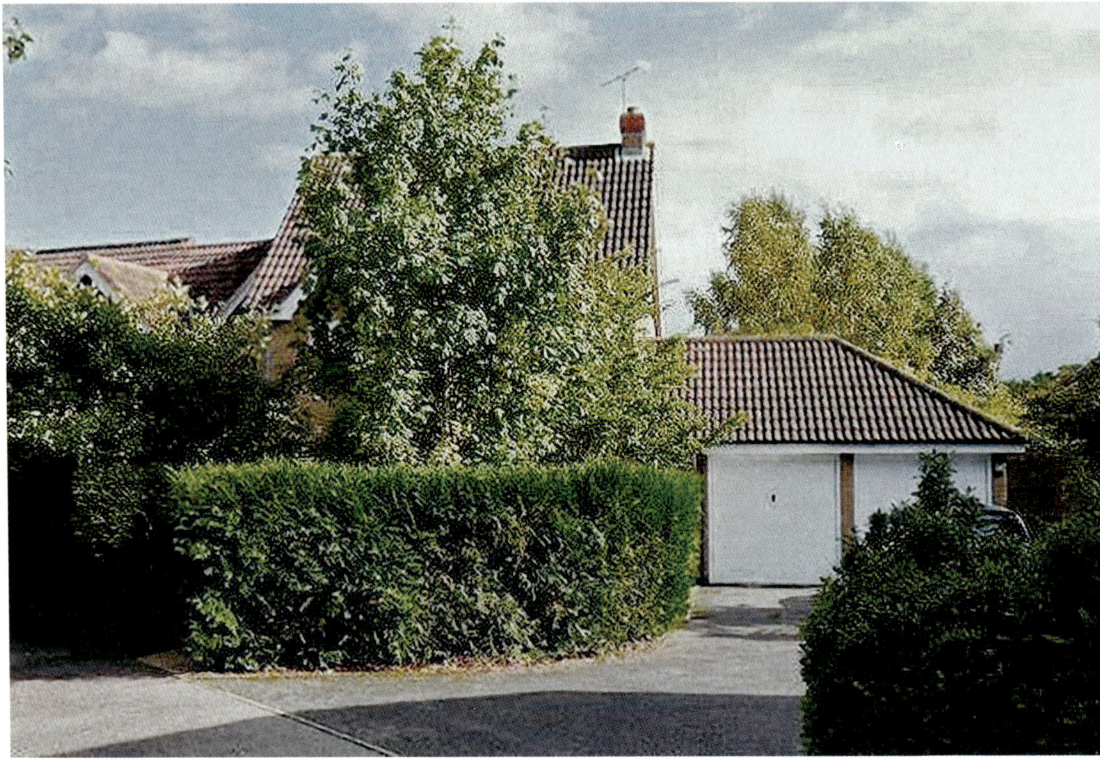

Besichtigung möglich. Aber seien Sie bitte freundlich und zurückhaltend,
das Haus ist sehr schüchtern.

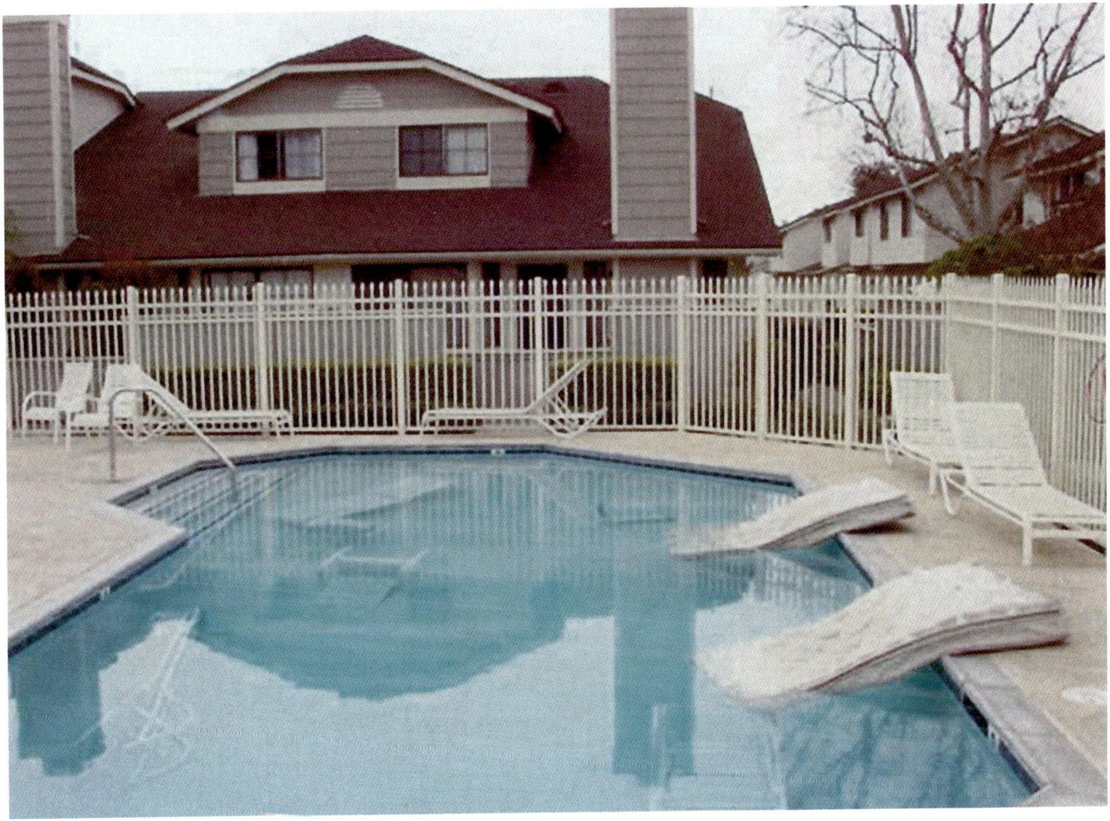

Nach tagelangem Warten wird die Geduld des Maklers endlich belohnt. Ein Pärchen wilder Matratzen, das kurz vor dem Verdursten ist, erscheint plötzlich am Wasserloch.

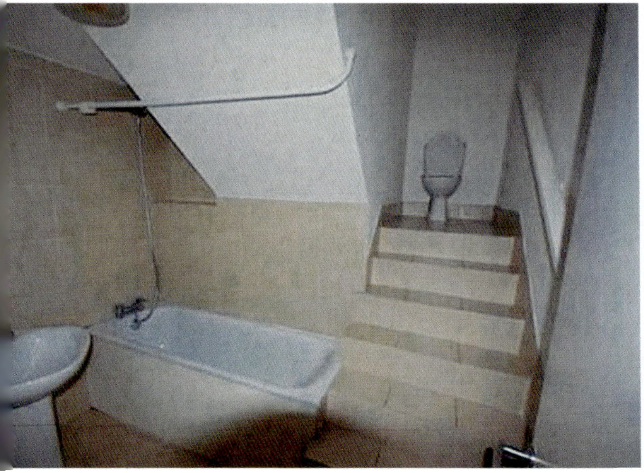

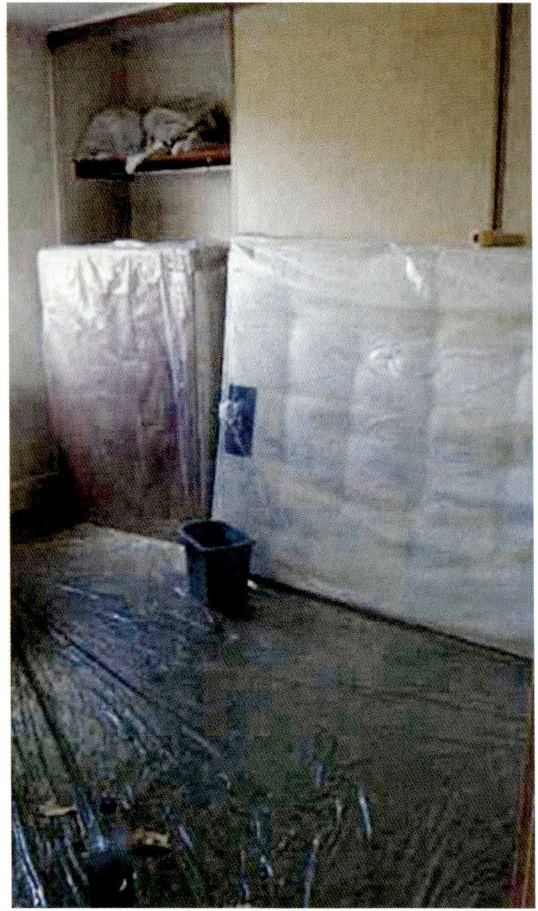

△ Ein Zeugnis schwerer Zeiten, dieses Badezimmer. Es wurde komplett aus den toten Winkeln, Überständen und Treppenstufen anderer Häuser gebaut.

▷ Komplette Liste der Gründe, weshalb man ein Zimmer mit Schutzfolie auslegt und einen Eimer bereithält:
1. Böse Absichten

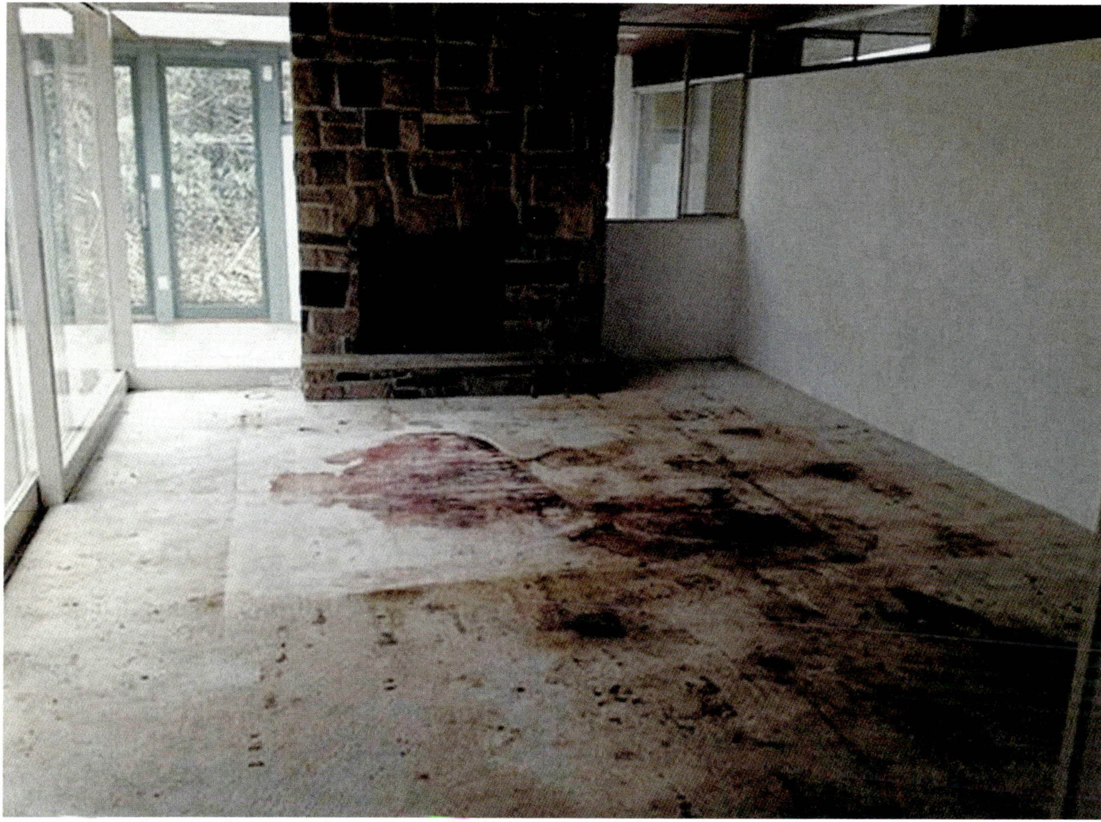

Hach, unsere Partys früher. Erinnerst du dich noch an die, wo wir sie alle umgebracht haben?

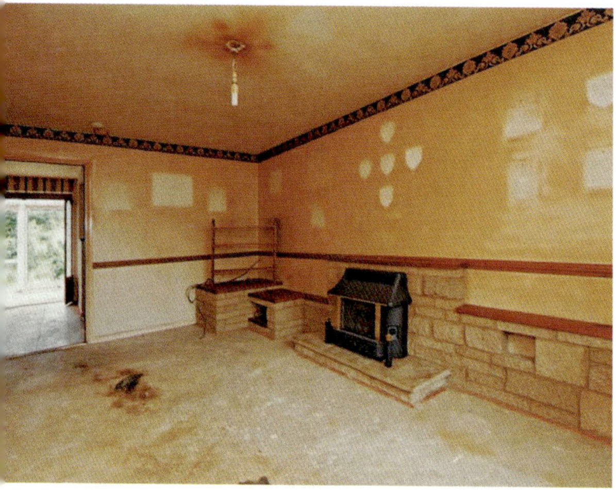

Wenn das da Nikotinflecken sind, könnte das Ding auf dem Boden sehr wohl eine Lunge sein.

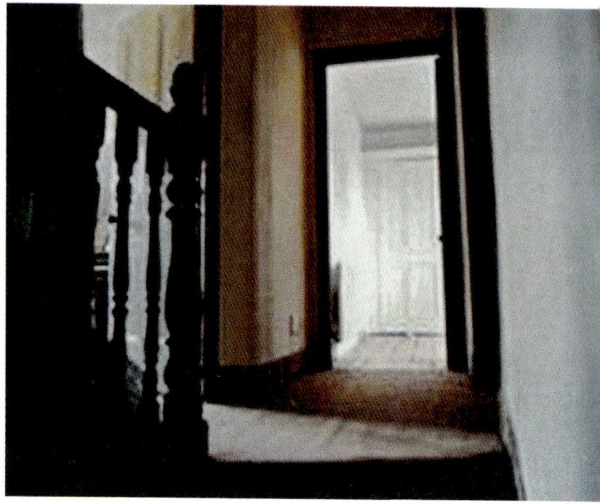

Das Einzige, was hier noch fehlt, ist eine Gestalt mit Axt im Türrahmen.

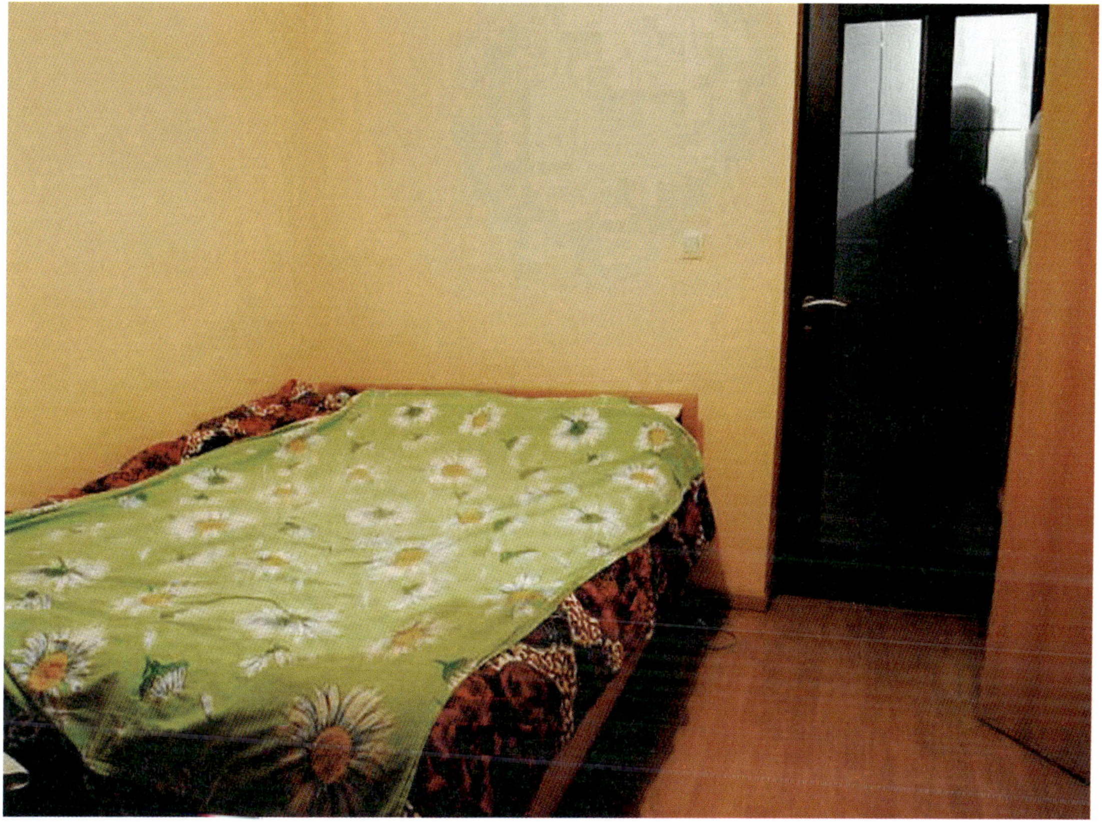

Was soll hier vermittelt werden? Dass der Makler persönlich dafür Sorge tragen wird, dass man Ihnen beträchtlichen Schaden zufügt, sollten Sie die Immobilie NICHT erwerben?

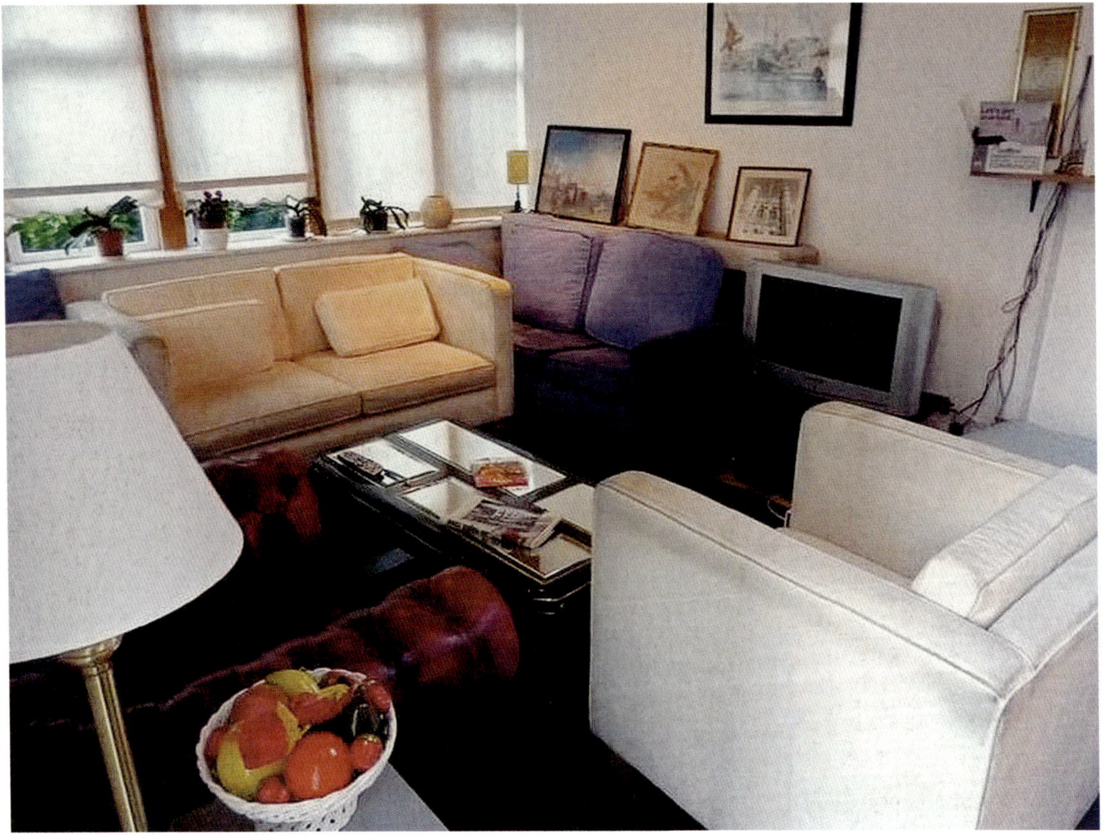

Dieses Haus hat bereits reges Interesse hervorgerufen, insbesondere bei Anhängern der beliebten neuen Sportart »Couch Tetris«.

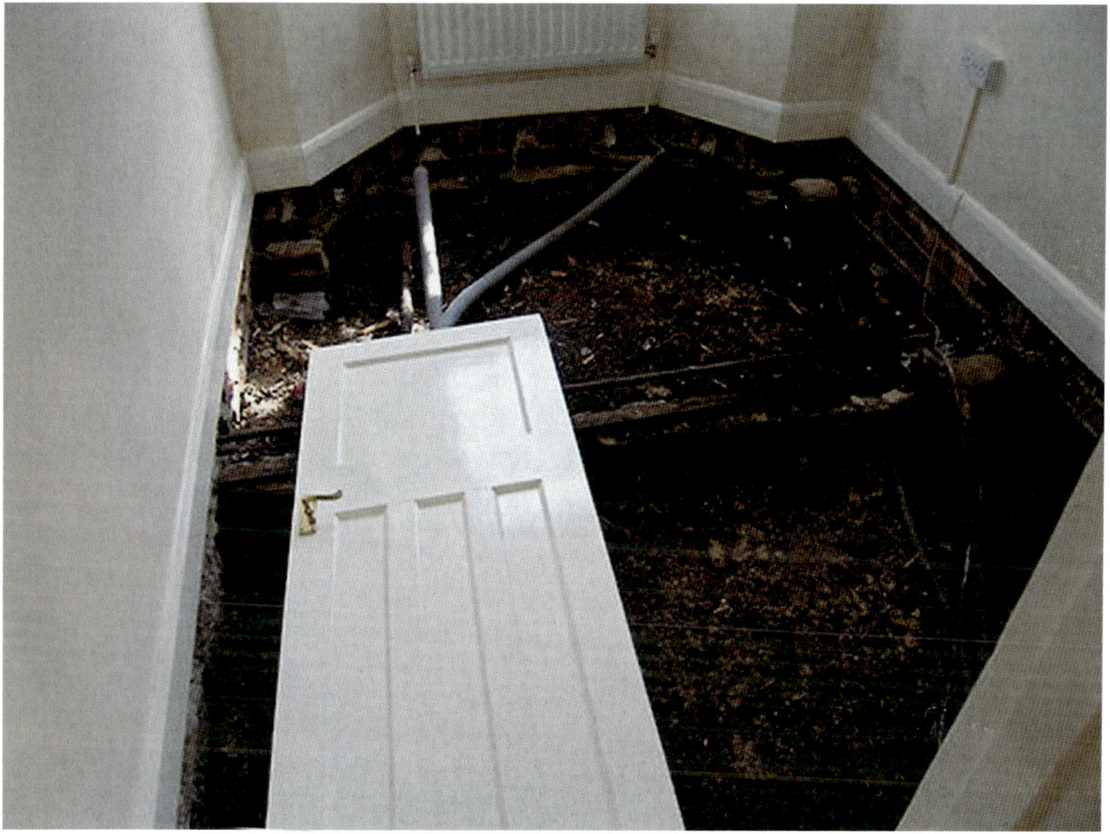

Immerhin ein Anfang. Doch womöglich wäre der konservative Ansatz mit Bodendielen erfolgversprechender.

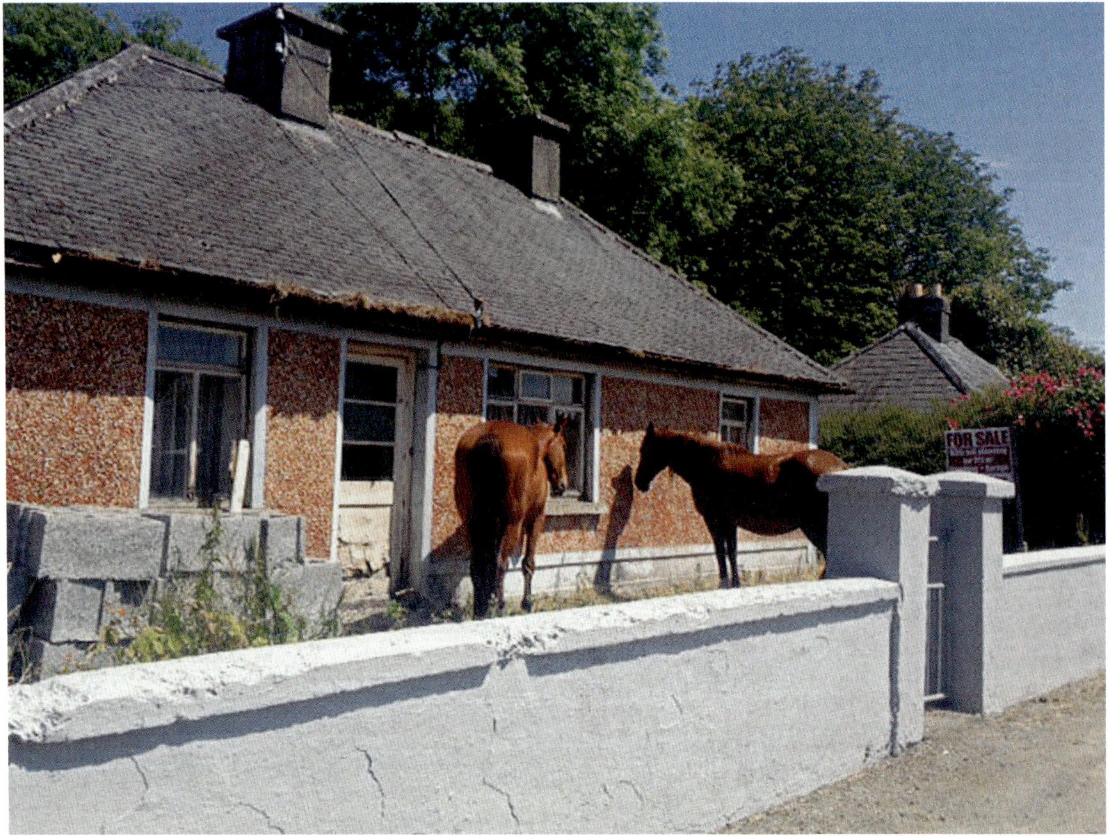

Warten Sie nicht zu lange mit dem Besichtigungstermin.
Das Interesse an diesem Objekt ist groß. Besonders bei Pferden.

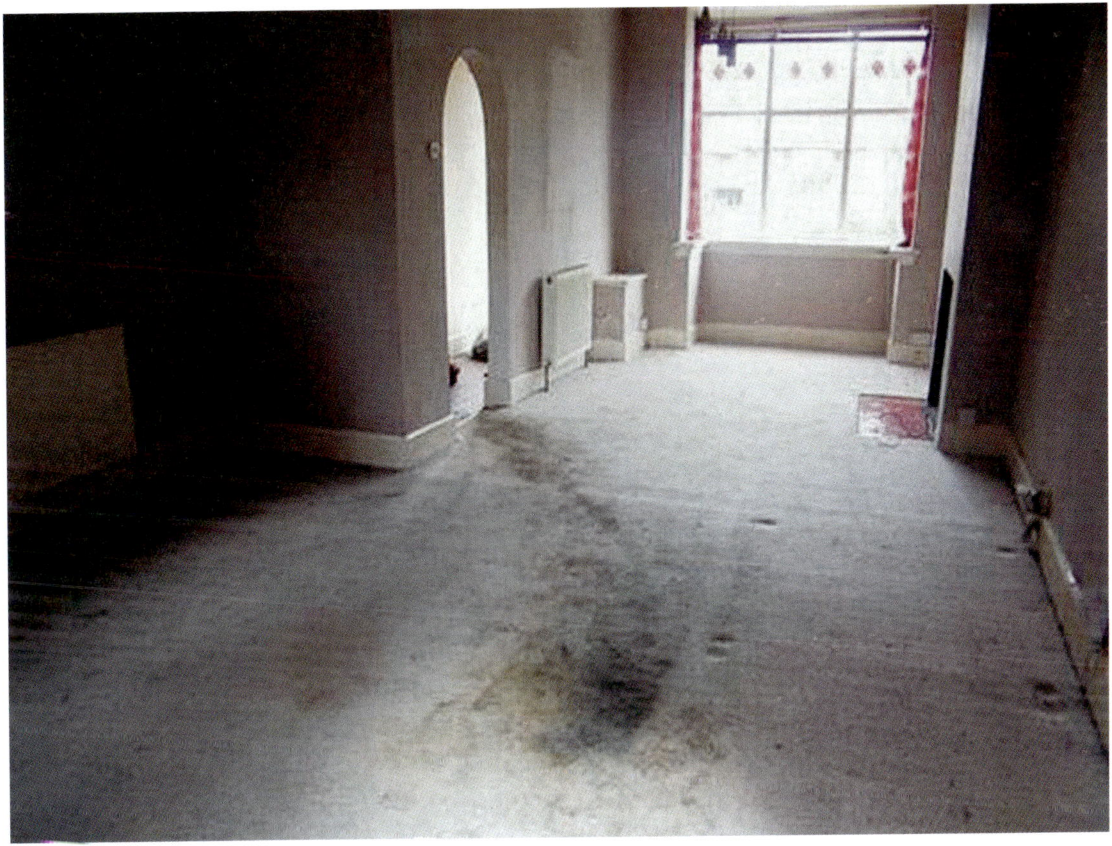

Ein Auge fürs Detail ist enorm wichtig. Hier zum Beispiel hatte der Makler zunächst den toten Körper herausgeschleift, bevor er das Foto aufnahm.

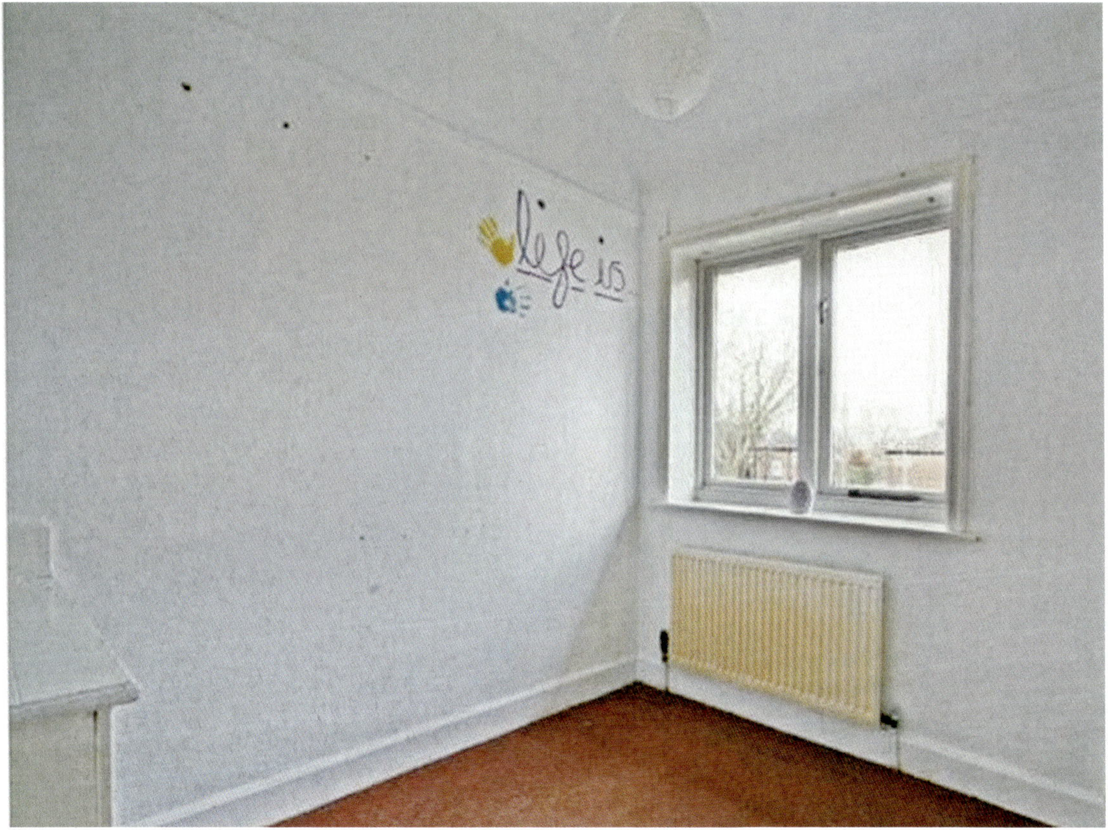

Dieses Schlafzimmer birgt eine nützliche Lektion in Sachen Satzanfänge.
Satzanfänge sind stets möglichst weit links zu beginnen.

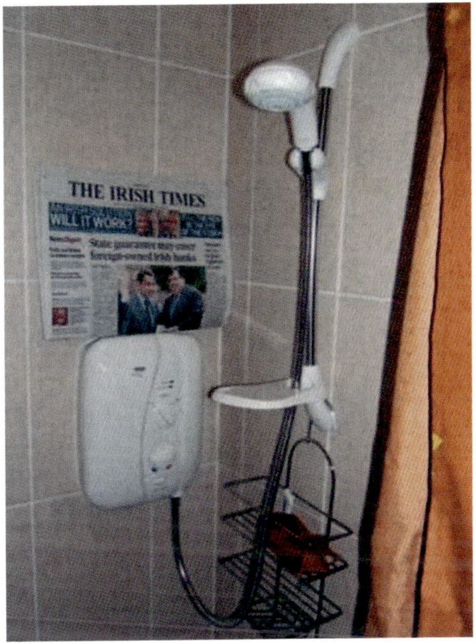

△ Alles in allem ein Rätsel, warum das Lesen in der Dusche sich nicht größerer Beliebtheit erfreut.

▷ Überbleibsel einer Kindheit, die sich ausschließlich im Wohnungsinneren abspielte. Der Eigentümer trägt seitdem stets eine Ausgangstür mit sich herum.

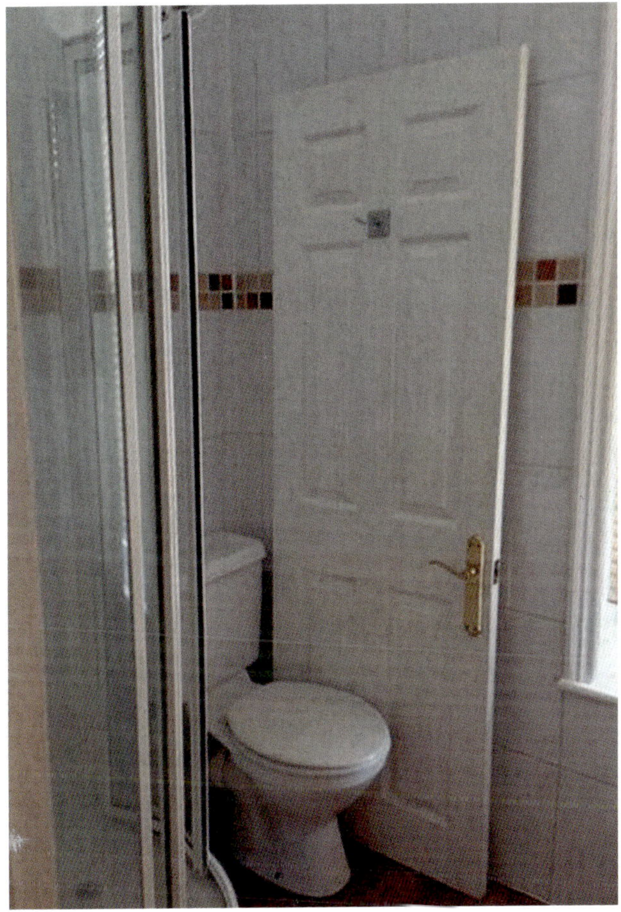

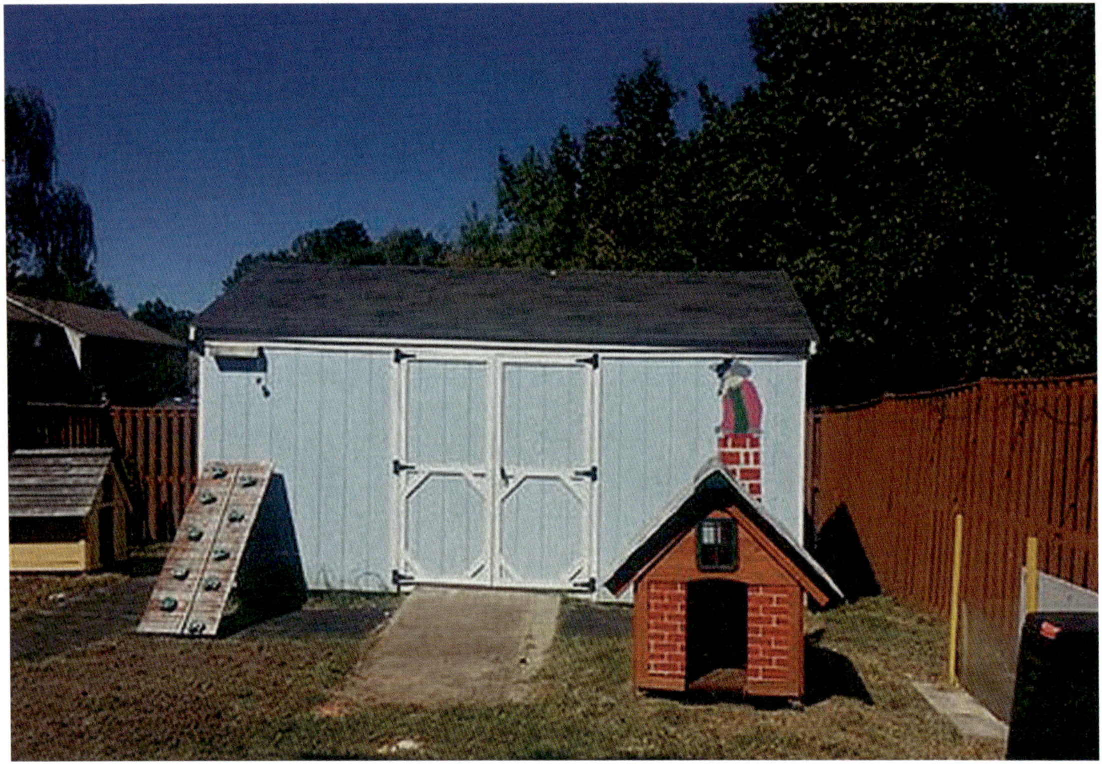

In manchen Kulturen führte das Halten von Hühnern in Legebatterien
zur Massenkindhaltung, oftmals im selben Gebäude.

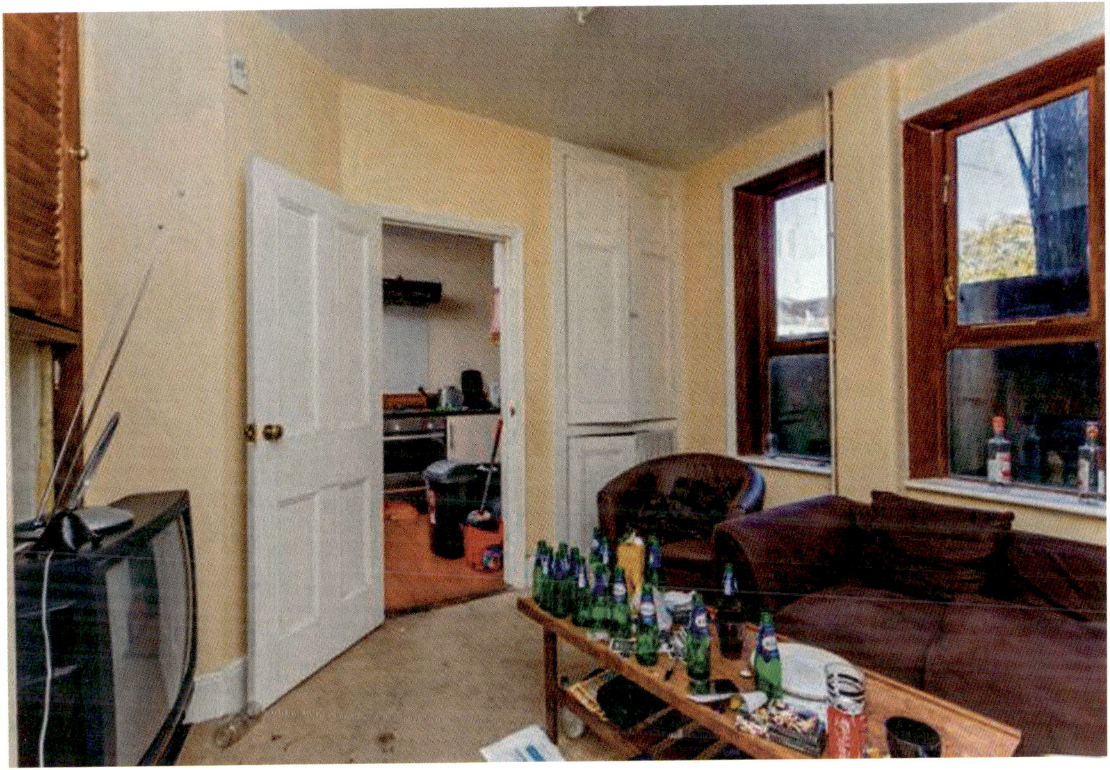

Eine weise Entscheidung, die anderen Zimmer nicht abzulichten.
Vermutlich lagen dort die bewusstlosen Eigentümer herum.

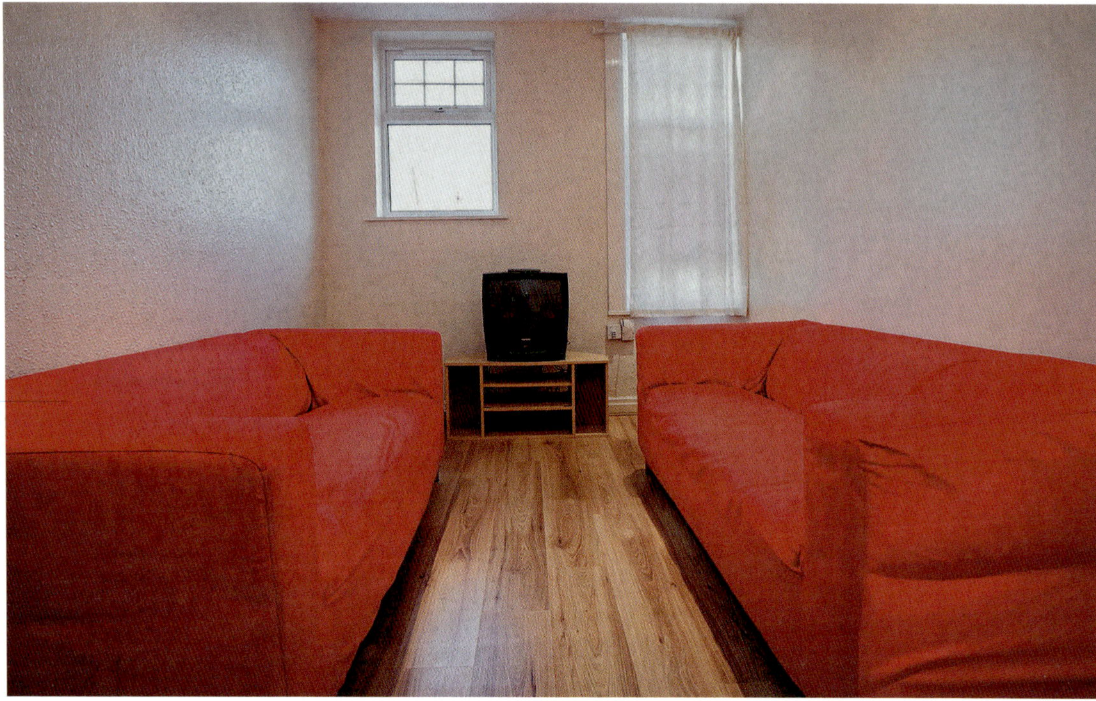

Pattsituation zwischen zwei hellroten Sofas mit einem Fernsehgerät als Kampfrichter.

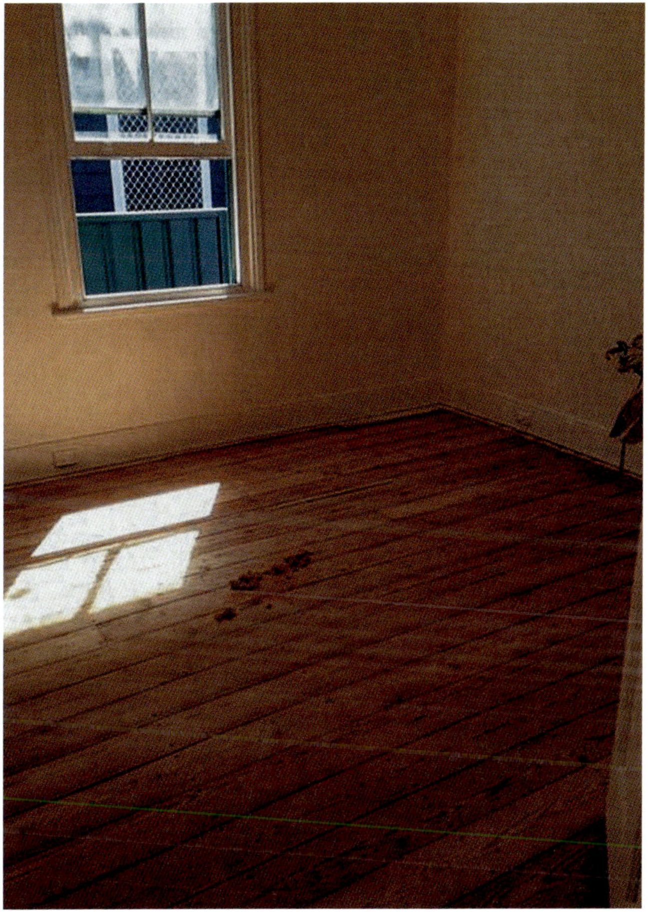

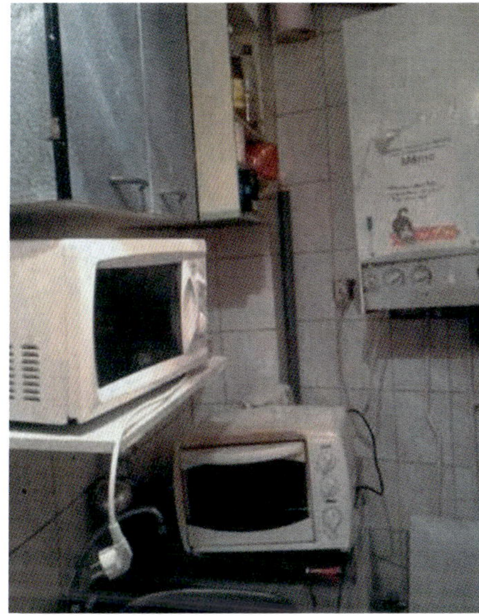

△ Moderne Küchendesigner widersetzen sich dem Volksglauben und fördern das Zusammenspiel zwischen Wasser und elektrischem Gerät.

◁ Mit der Zeit lernten die Makler, einander an ihren Hinterlassenschaften zu erkennen.

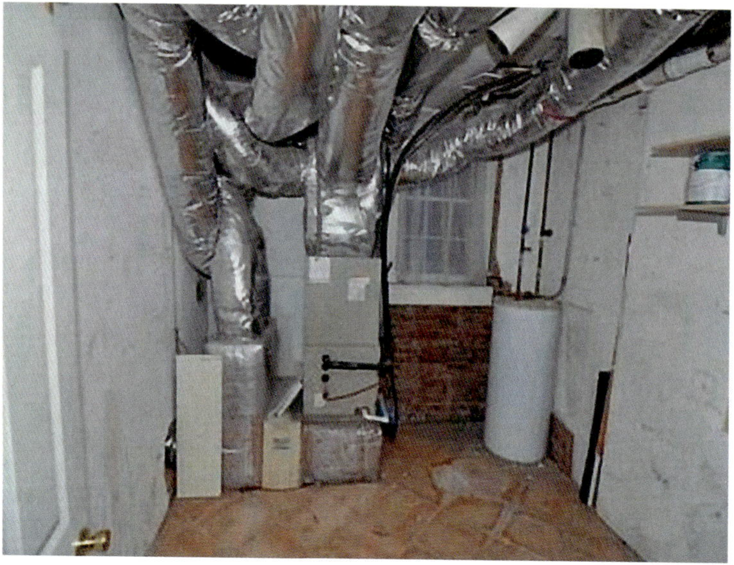

Dieses Belüftungssystem im Hausinneren ist bekannt als
»Der alte Getreue«. Es entwuchs einer einzigen Waschmaschine,
welche vor 300 Jahren von einem Würdenträger
aus der Region gepflanzt worden war.

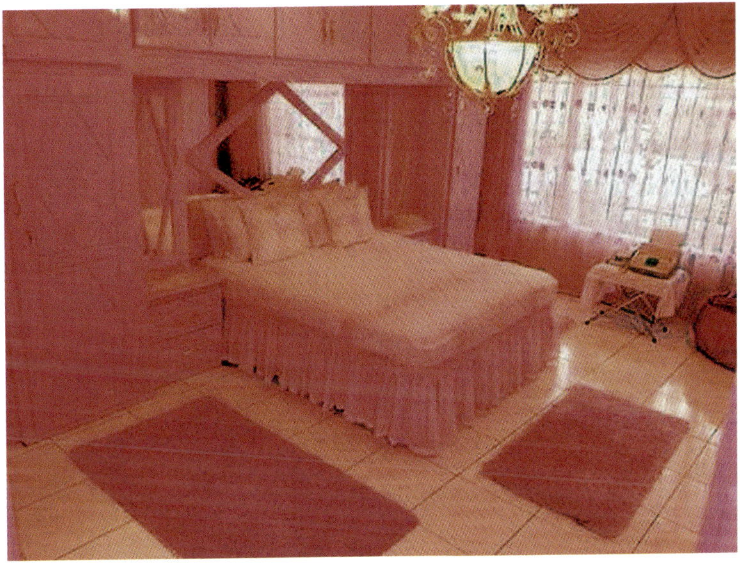

Wir nennen es »Das blaue Zimmer«.

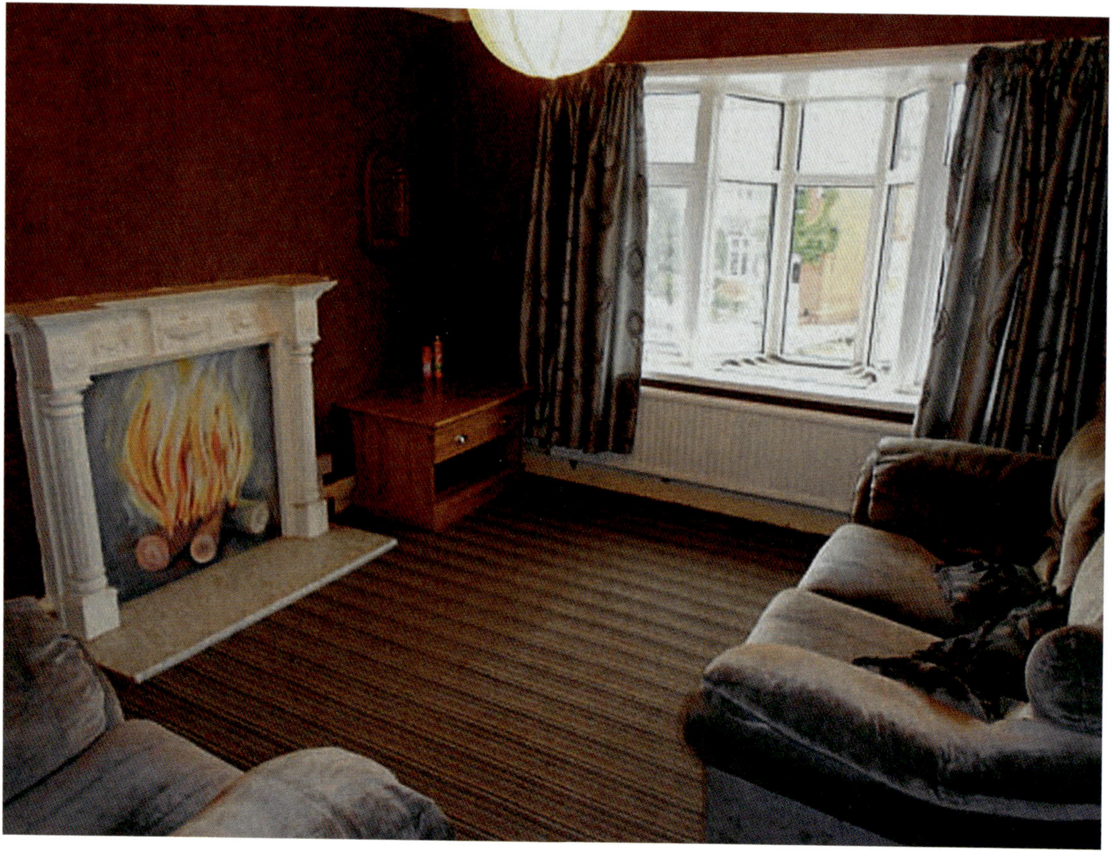

An einem kalten Winterabend gibt es doch nichts Behaglicheres als das stümperhafte Gemälde eines Kaminfeuers.

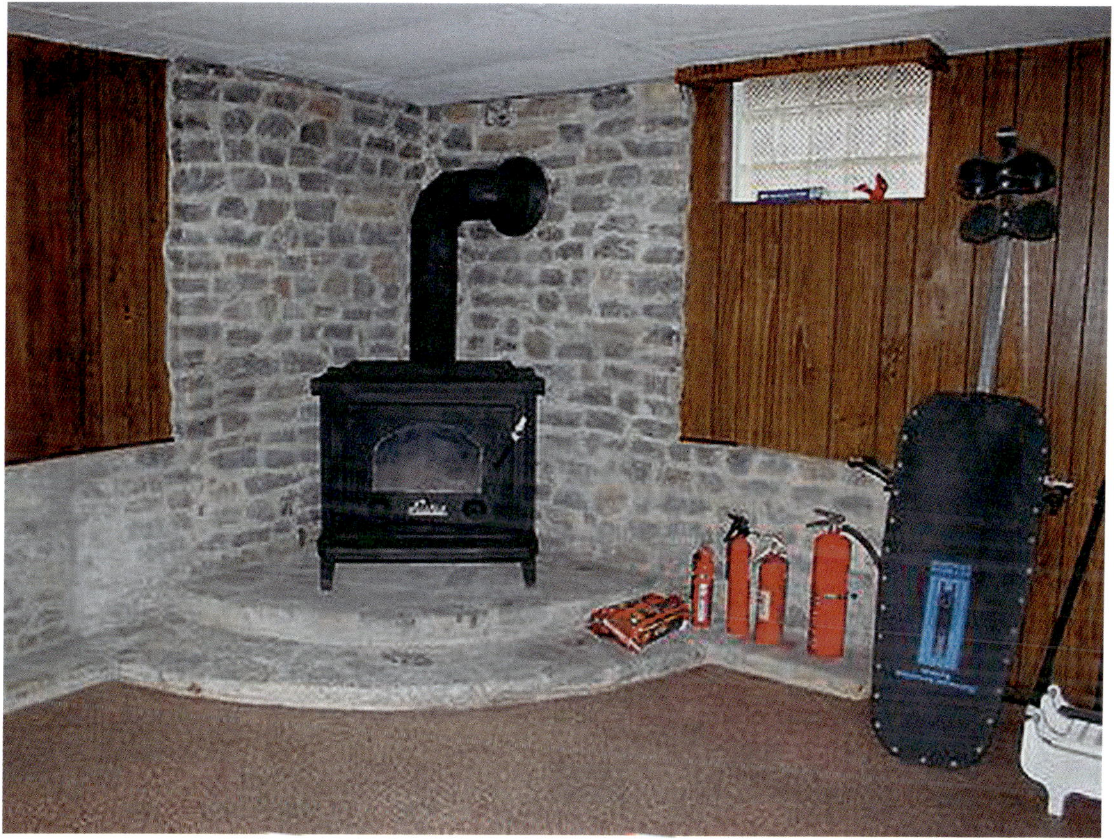

Irgendetwas an diesem Bild legt die Vermutung nahe, dass dem Ofen nicht hundertprozentig vertraut wird.

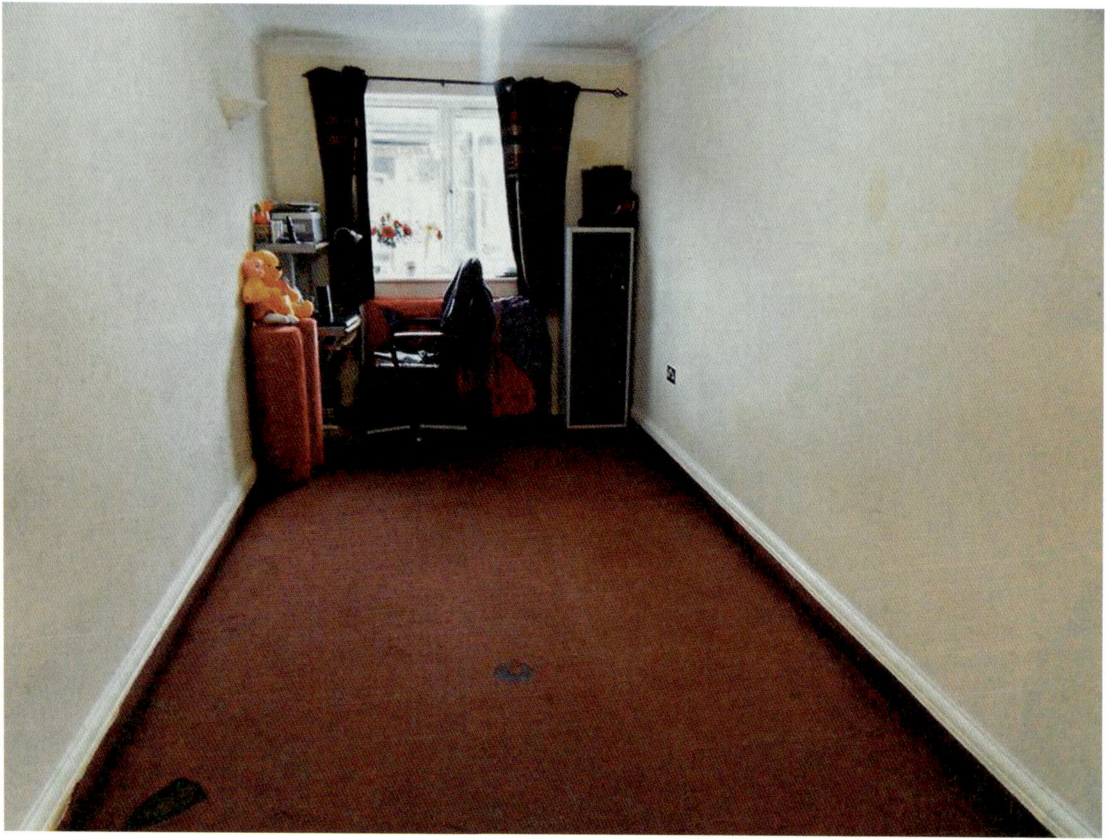

Es gibt da diese psychische Krankheit, bei der man Zimmer für weitaus kleiner hält als sie tatsächlich sind.

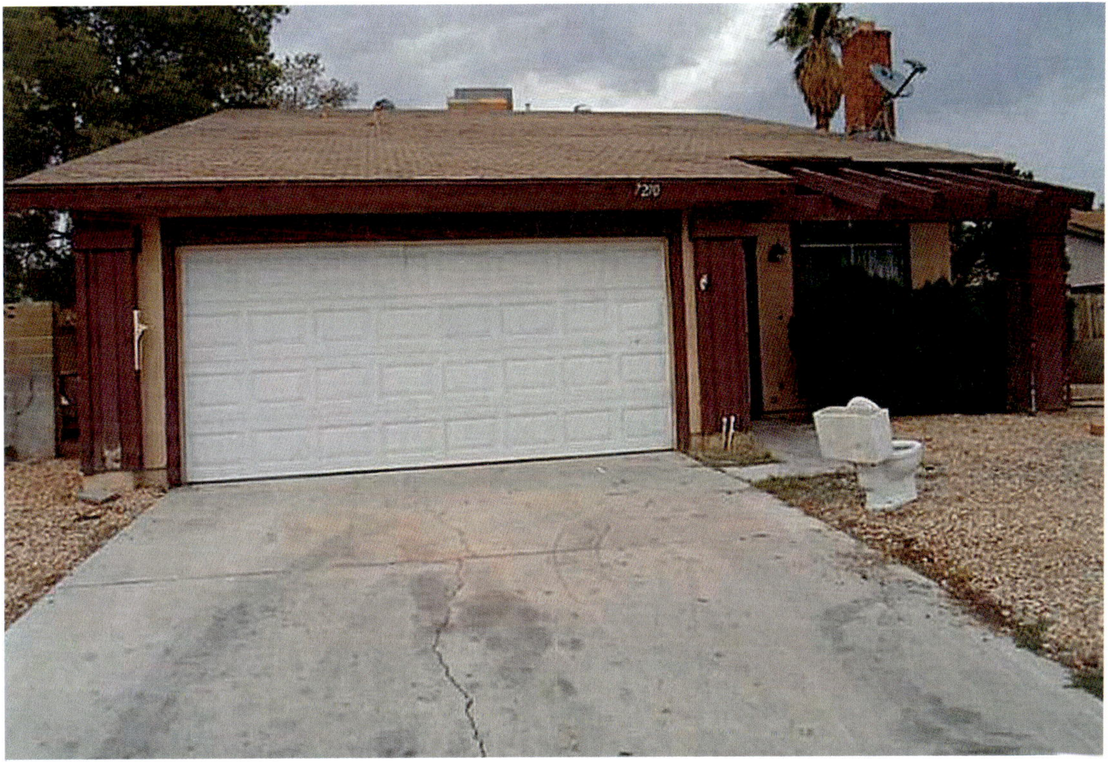

Es spricht nichts dagegen, dass die zukünftigen Eigentümer einige der… sagen wir: »extravaganten Sanitäreinrichtungen« umgestalten.

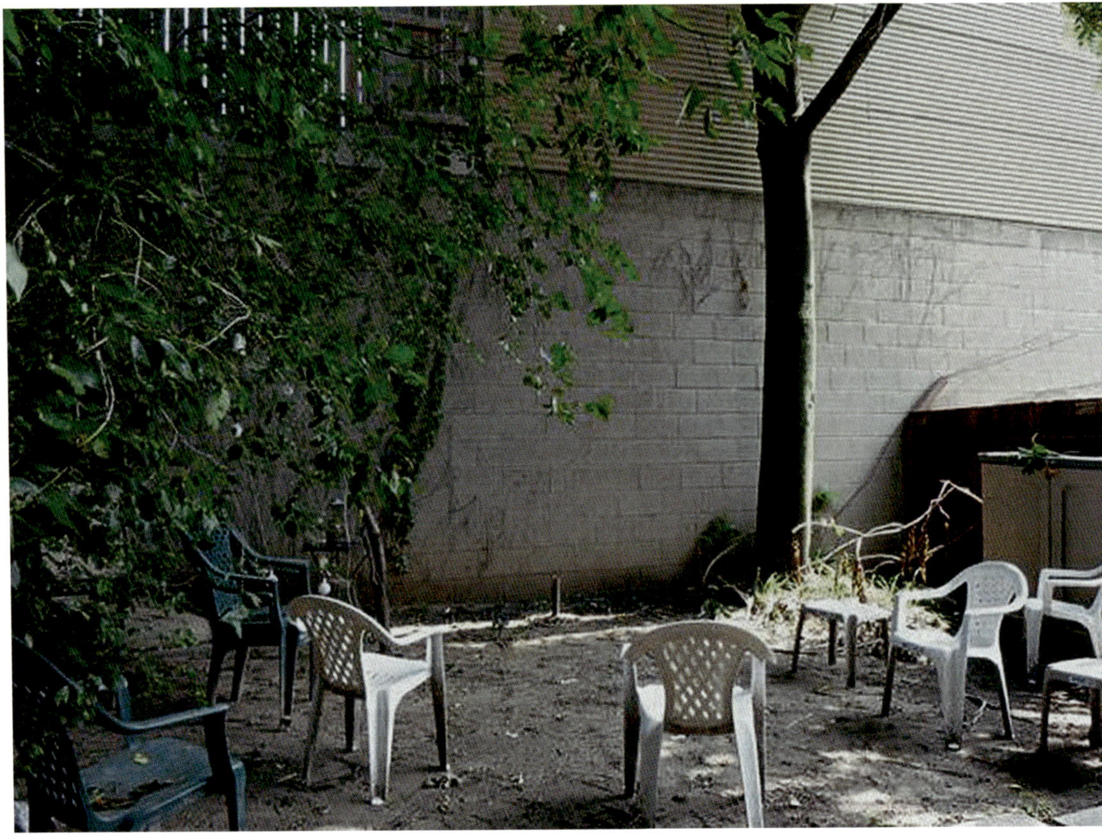

Nun, da das Krankheitsbild anerkannt worden ist, nutzen mehr und mehr einsame Gartenstühle die Möglichkeiten einer Gruppentherapie.

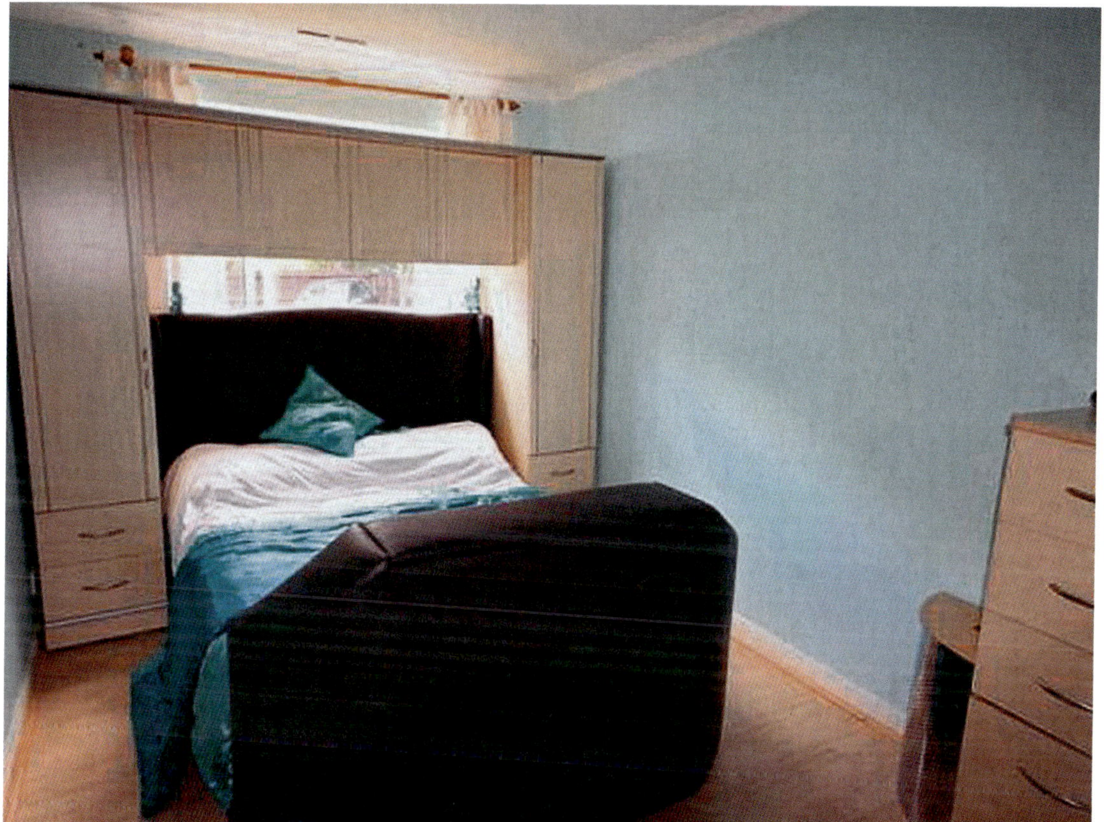

Einfach bewundernswert, diese Willensstärke, mit der hier etwas so erwiesenermaßen Reales wie ein Fenster konsequent geleugnet wird.

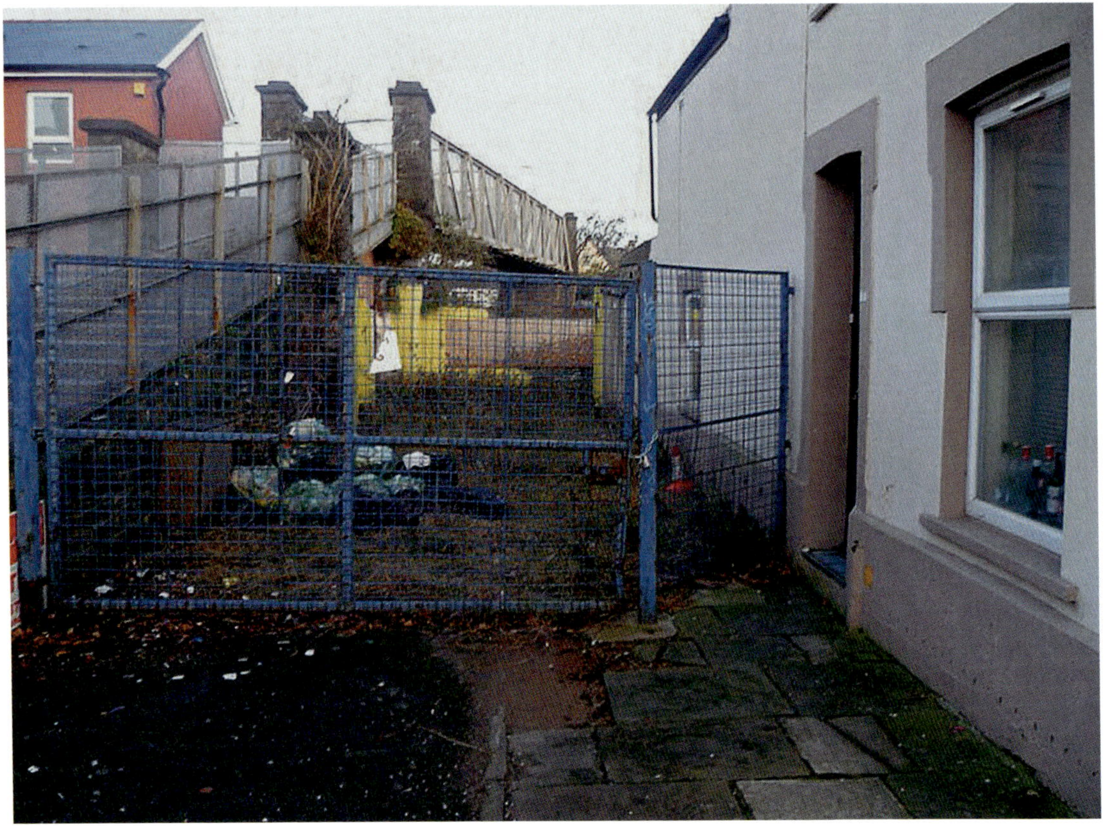

Alle, die nach einer Möglichkeit suchen, große Mengen Müll an einer überdurchschnittlich trostlosen Stelle zu entsorgen, kommen hier auf ihre Kosten.

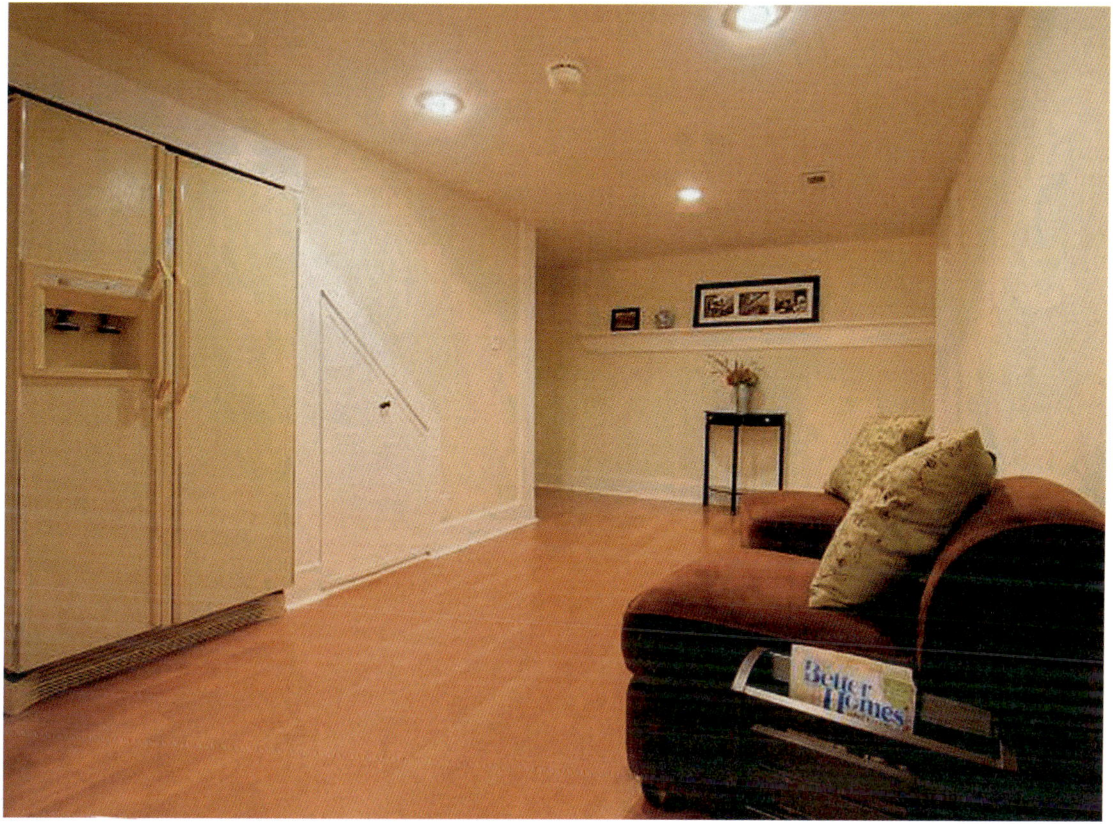

Seit dem Vormarsch des Internets verbringen die Familien immer weniger Zeit damit, gemeinsam den Kühlschrank zu betrachten.

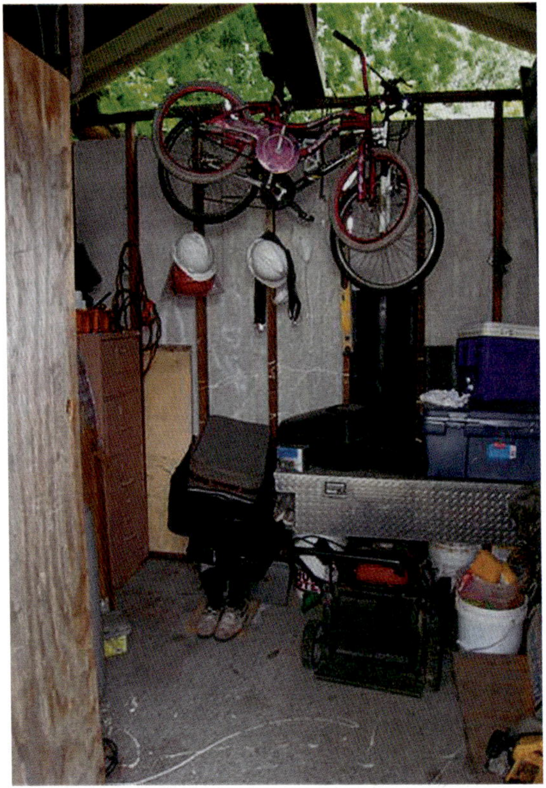

Die Garage kann mit einem Mann im Kostüm eines Kofferstapels punkten.

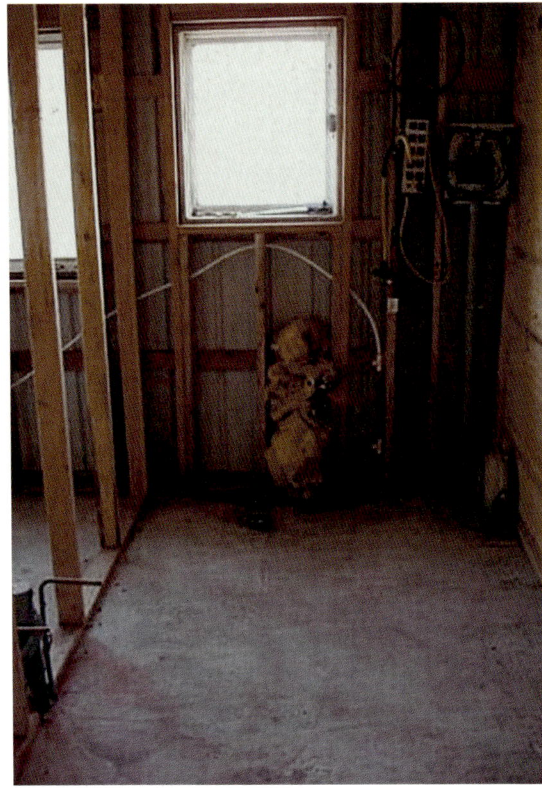

Es könnte sich schlicht um eine Glasfaserdämmung handeln. Der Makler jedoch kokettiert mit der möglichen Existenz eines bewaffneten Ewok.

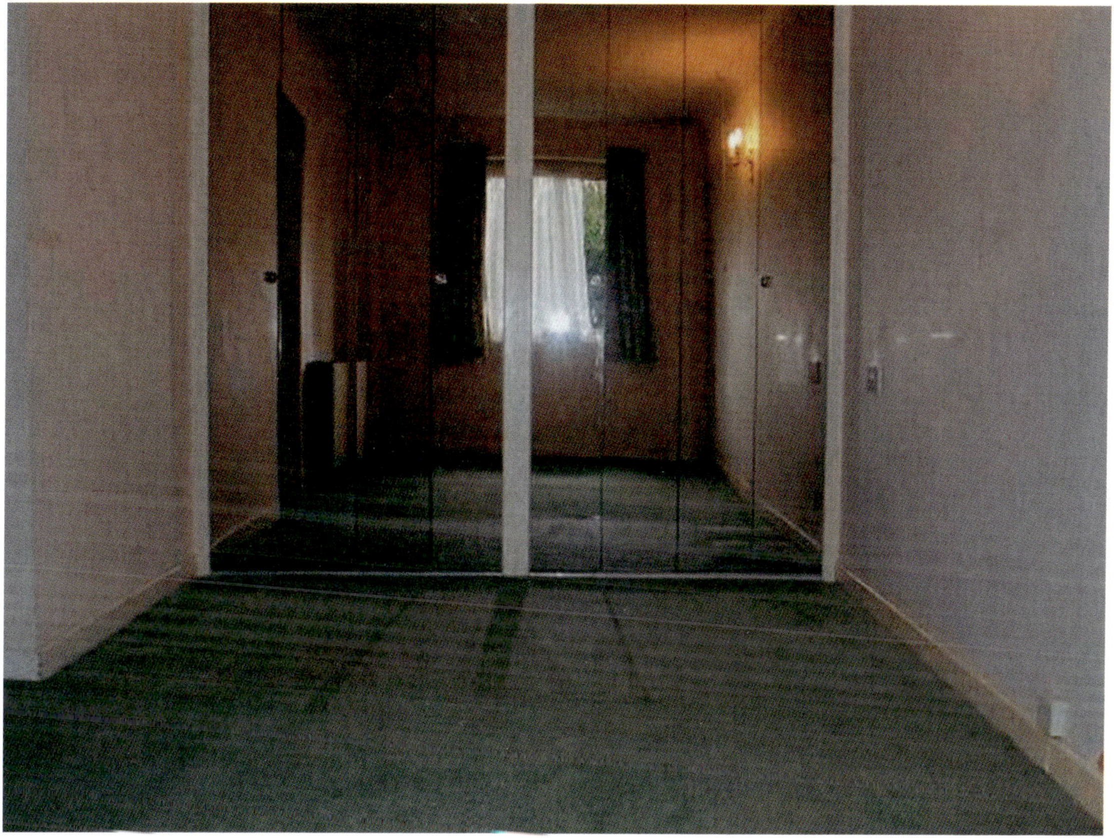

Vorsicht vor untoten Maklern ohne Spiegelbild!

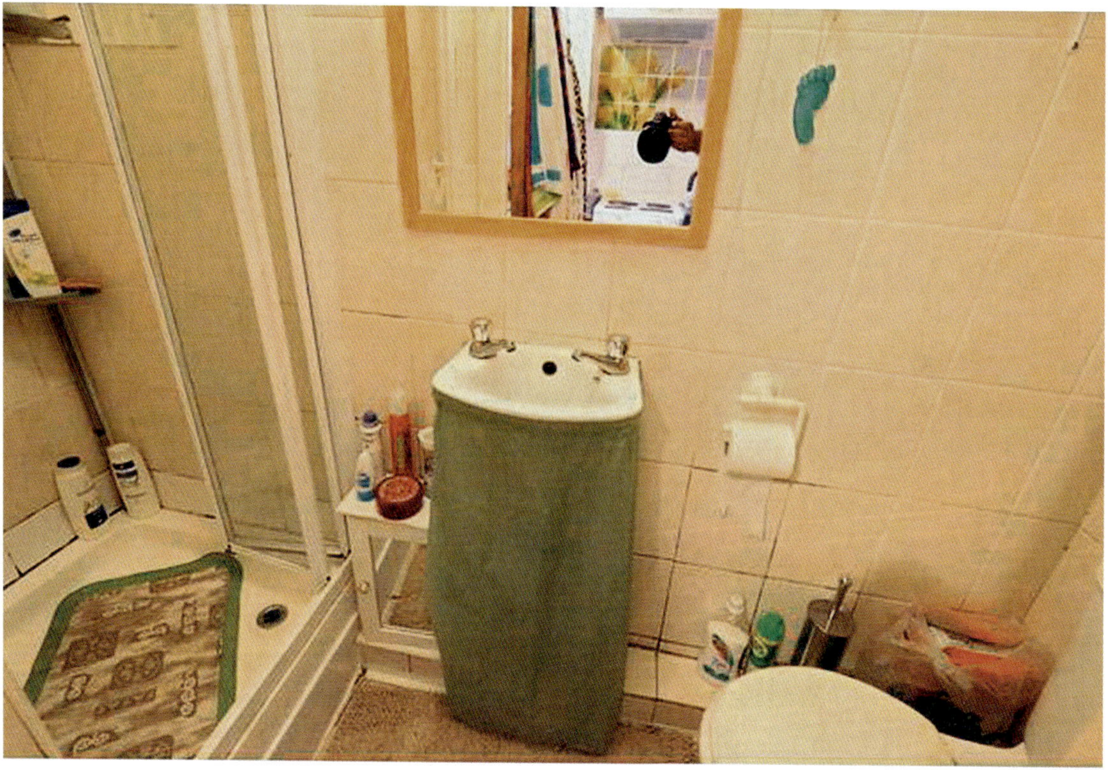

Dieser Immobilienmakler beherzigt die goldene Regel:
Kein Gesicht im Foto – niemand im Foto.

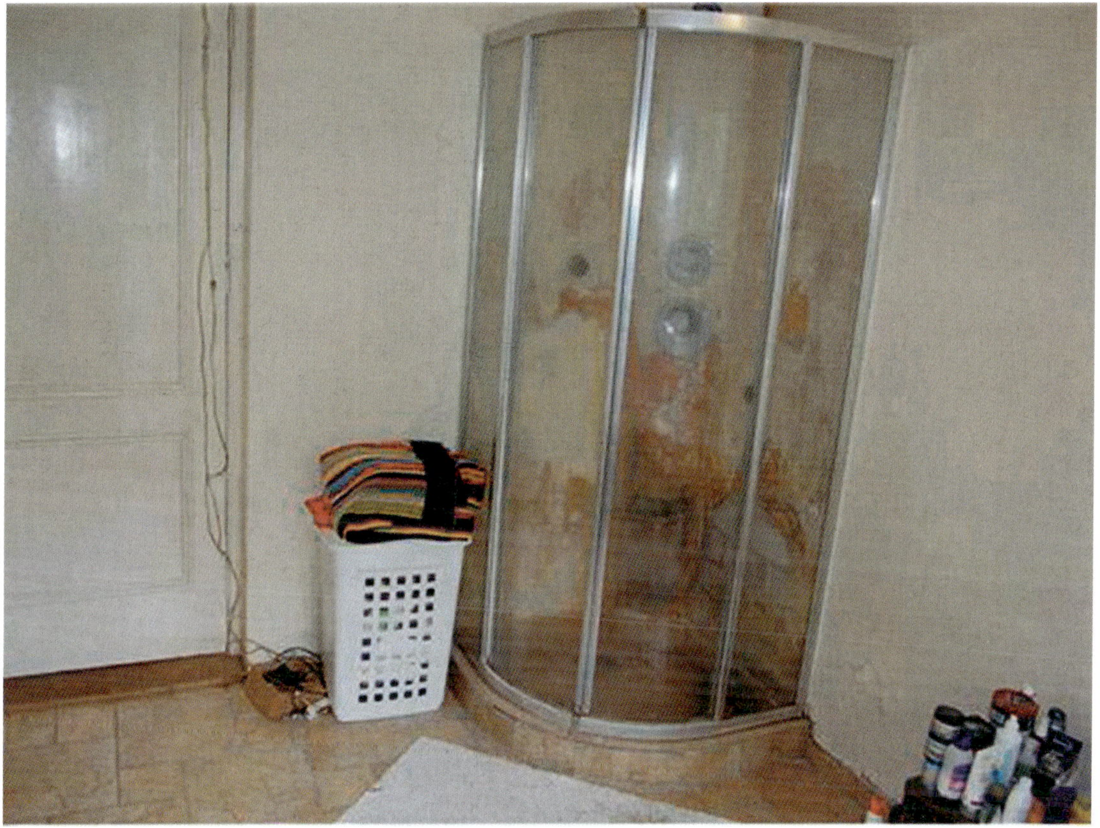

Tragisch: Frühe Teleportations-Apparate funktionierten oft nur unzureichend.
Ihre unglücklichen Nutzer richteten in den Geräten häufig eine Riesensauerei an.

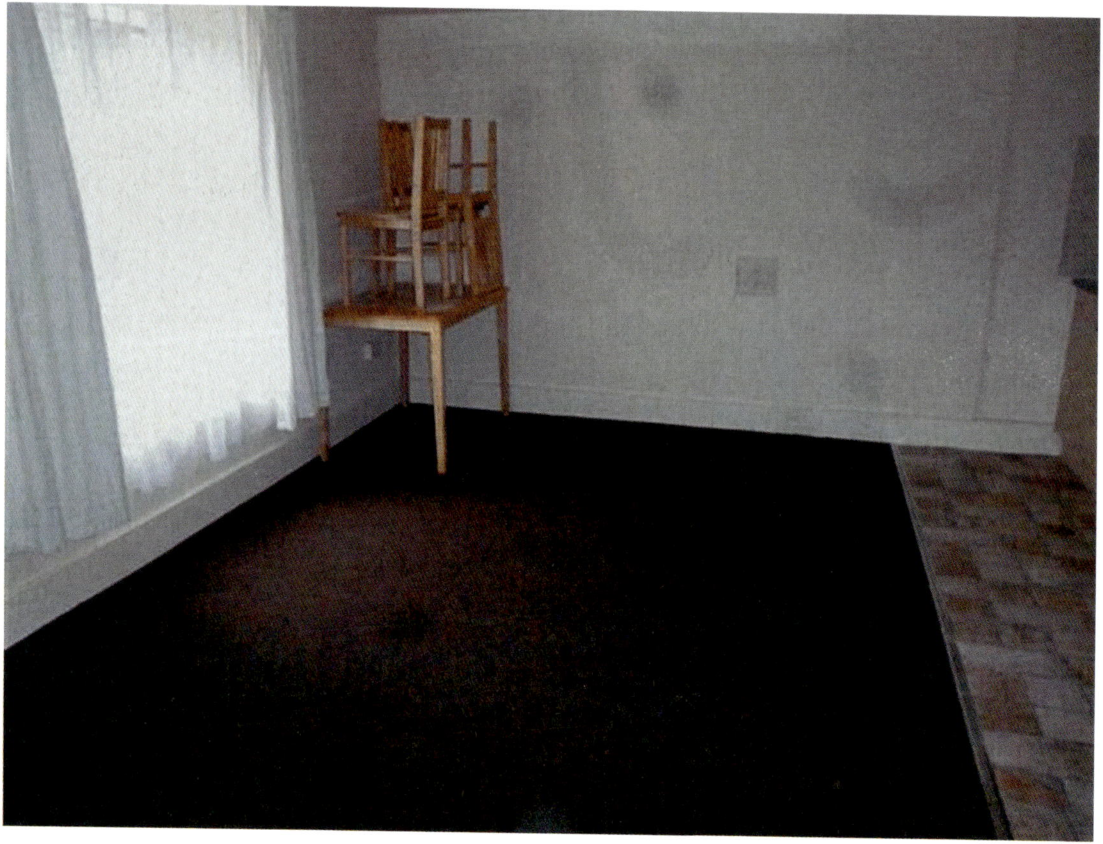

Selbst in ansonsten leeren Räumen hat der Kiefernstuhl eine immense Furcht vor Mäusen.

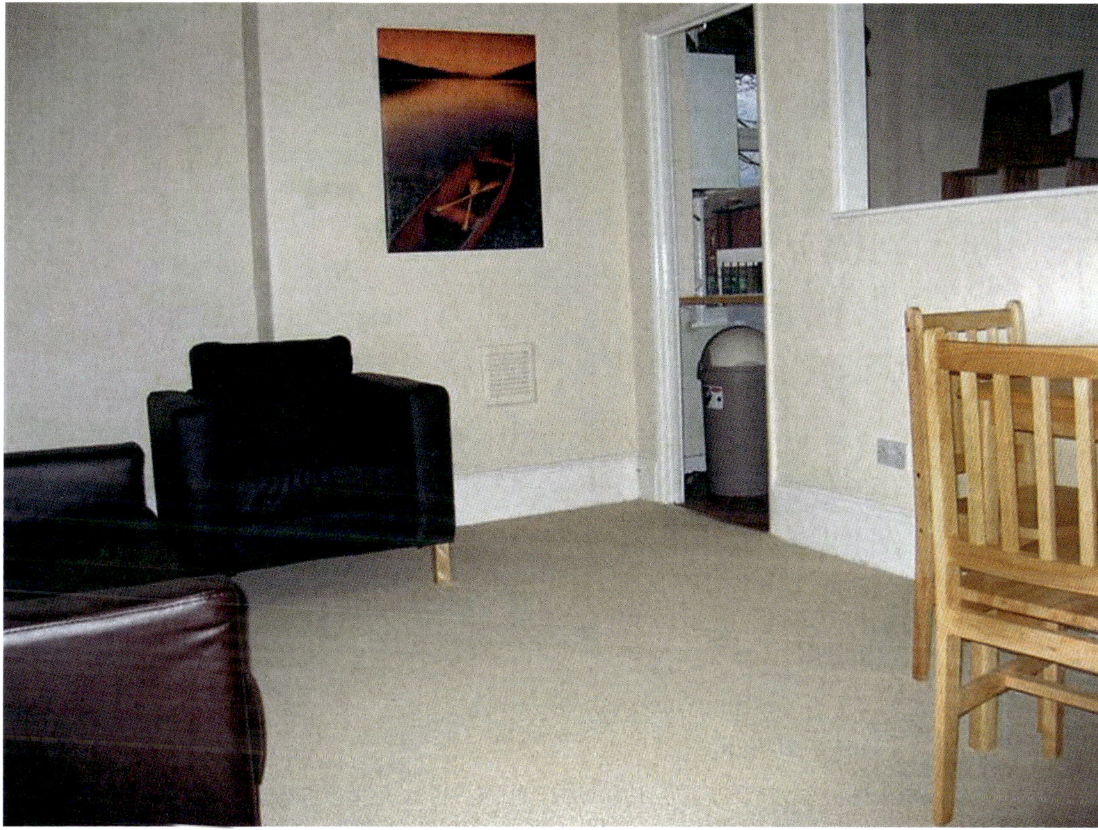

Die Gesetze der Immobilienfotografie besagen, dass man selbst dann nicht eingreifen darf, wenn ein Mülleimer von den Hauptmöbeln ausgegrenzt und verstoßen wird. Man muss der Natur ihren Lauf lassen.

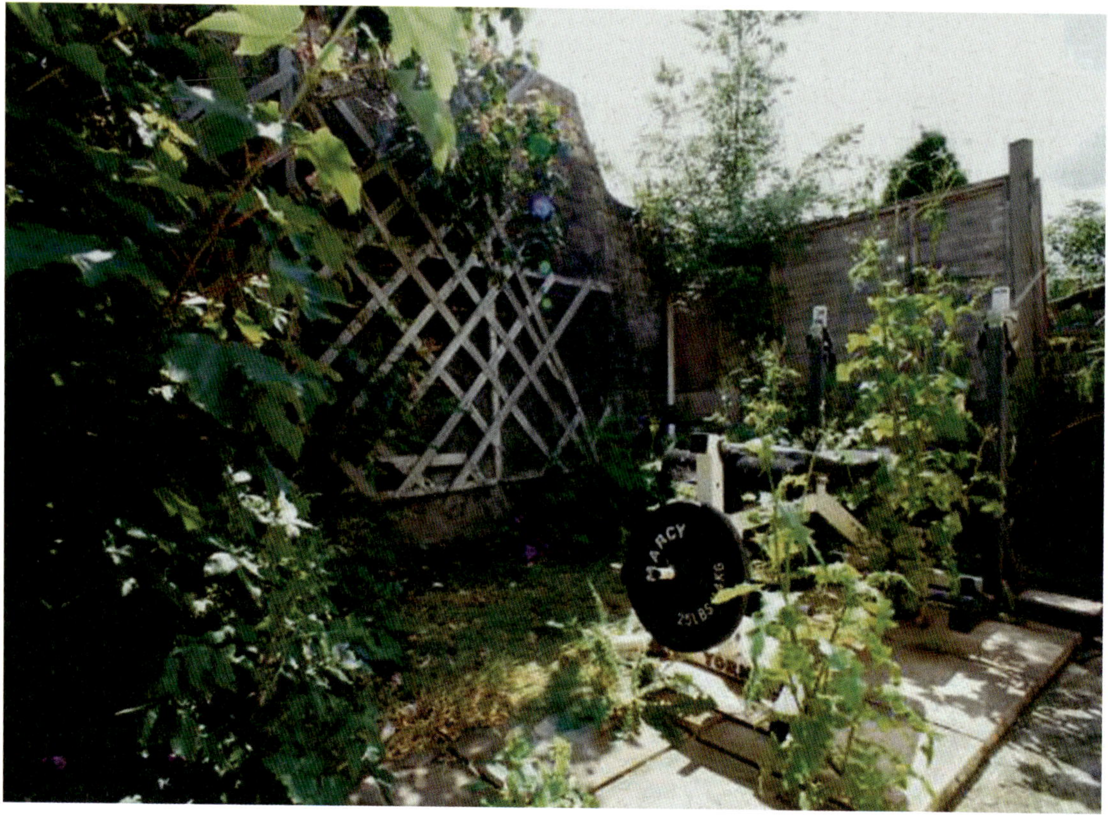

Als Rom fiel, begann das Gras zwischen den Marmorsäulen zu wachsen, und die Natur eroberte Stück für Stück die Ruinen. Ähnlich hier, wo die Natur aus der menschlichen Antriebsschwäche in Sachen Fitness Profit schlägt.

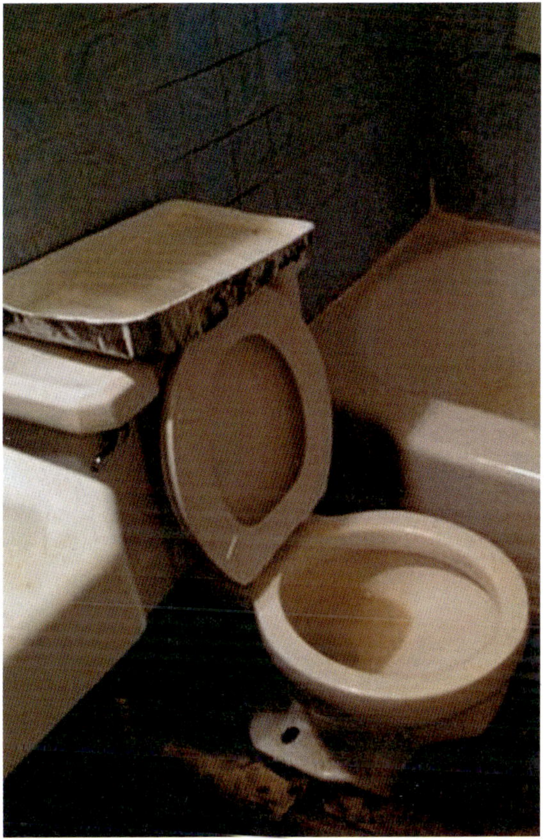

Die meisten Menschen ziehen die Verwendung von Toilettenpapier dem Übermalen der Flecken vor.

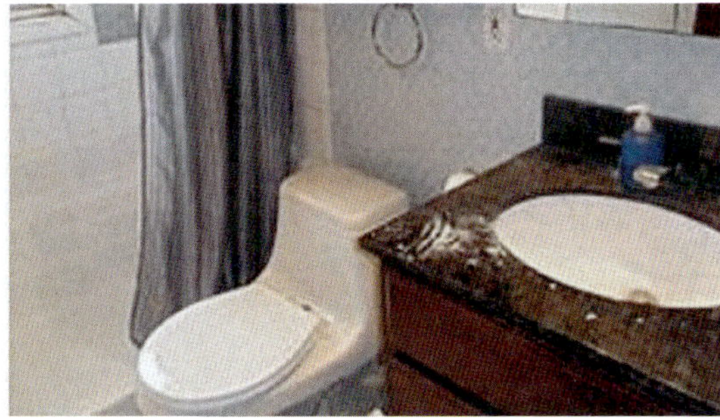

Seien wir wohlmeinend und gehen davon aus, dass es sich um Talkumpuder handelt.

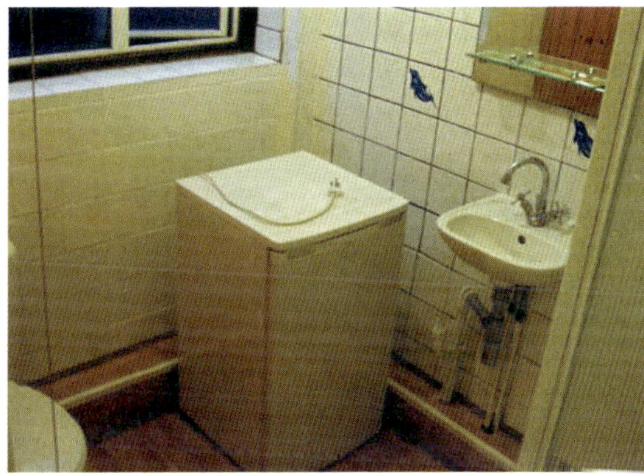

Die Gefahr beim Aufstellen des Kühlschranks im Badezimmer besteht freilich darin, dass jemand die Stuhlprobe mit Schokomousse verwechselt.

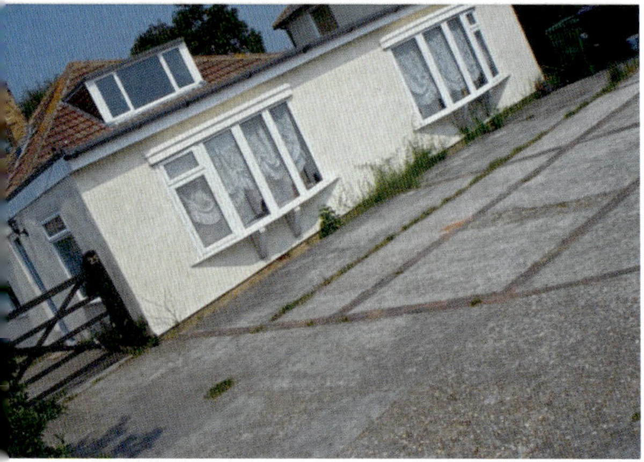

Eine Besichtigung der Immobilie ist unbedingt ratsam – möglichst bevor sie die Straße herunter in das benachbarte Dorf rutscht.

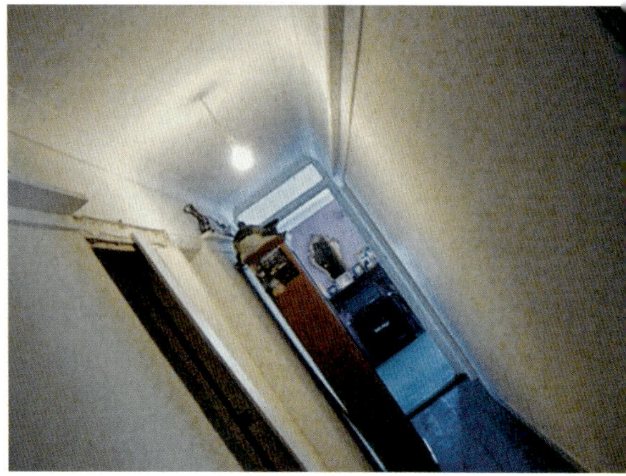

Dieses Schiff wurde im Jahre 1912 in Belfast gebaut und war einst berühmt für seine Unsinkbarkeit.

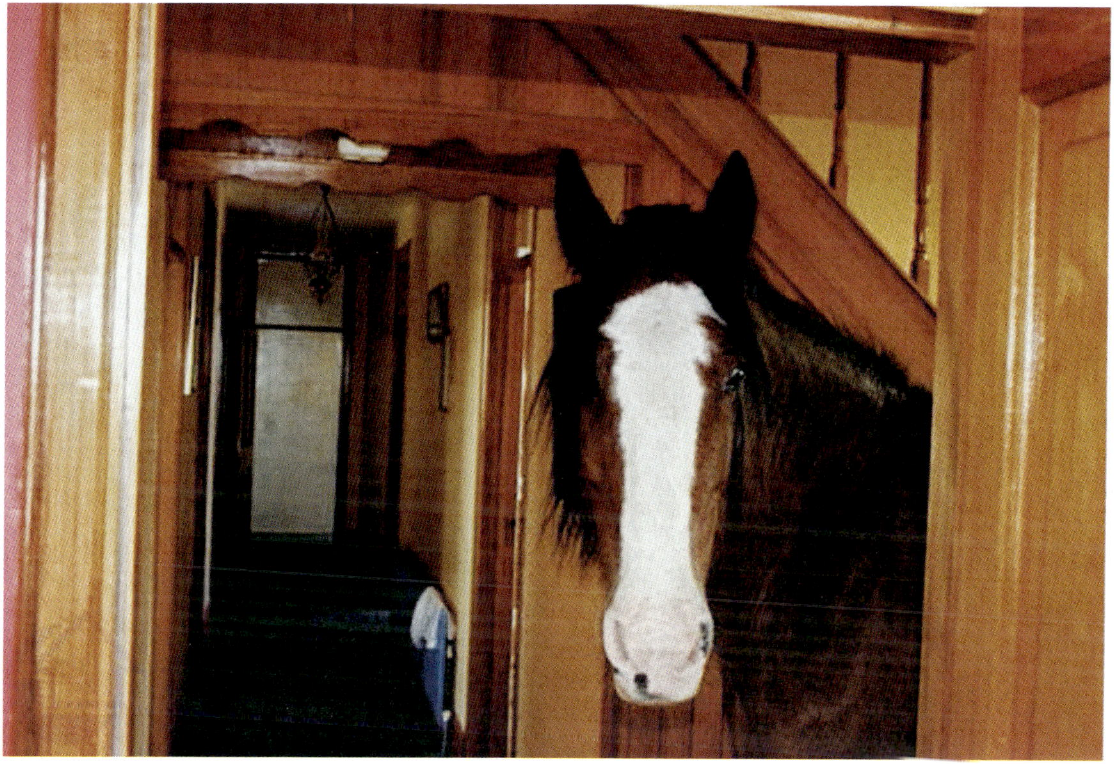

Unser Hauspferd.

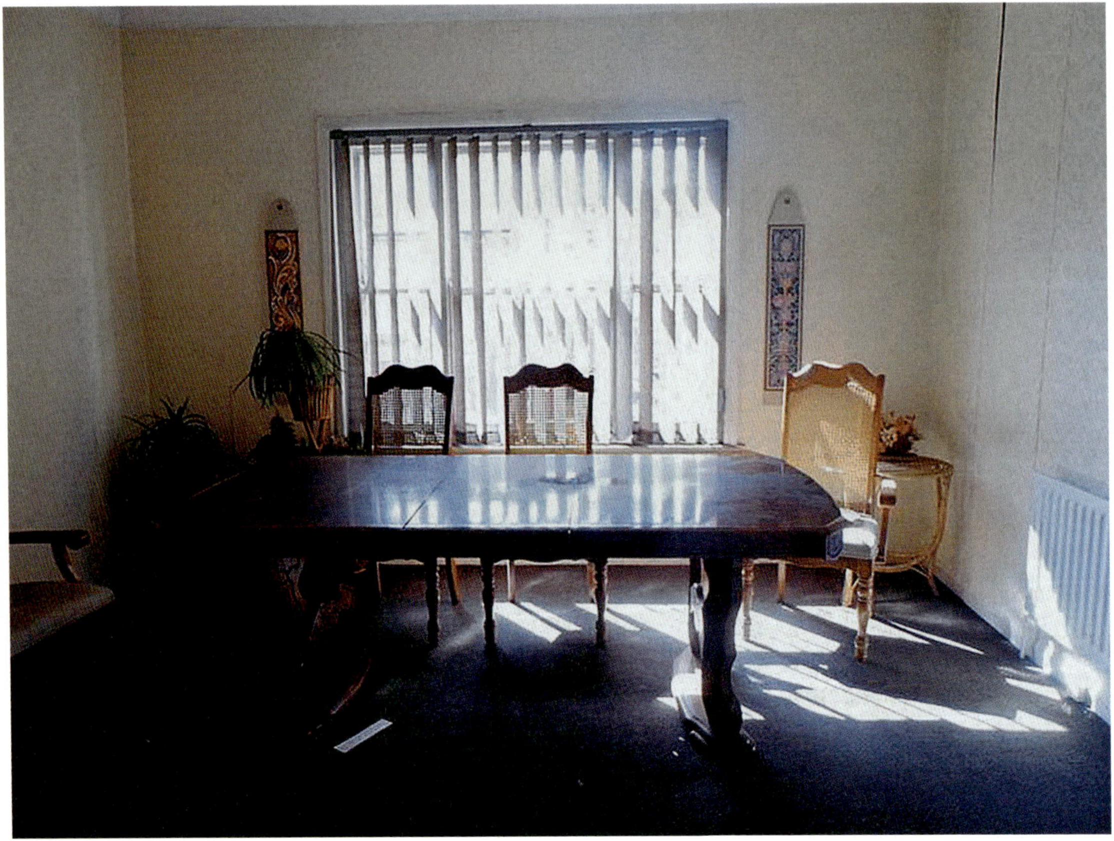

Es heißt, dieses Esszimmer sei noch in jüngster Vergangenheit Schauplatz des einen oder anderen Hexenprozesses gewesen.

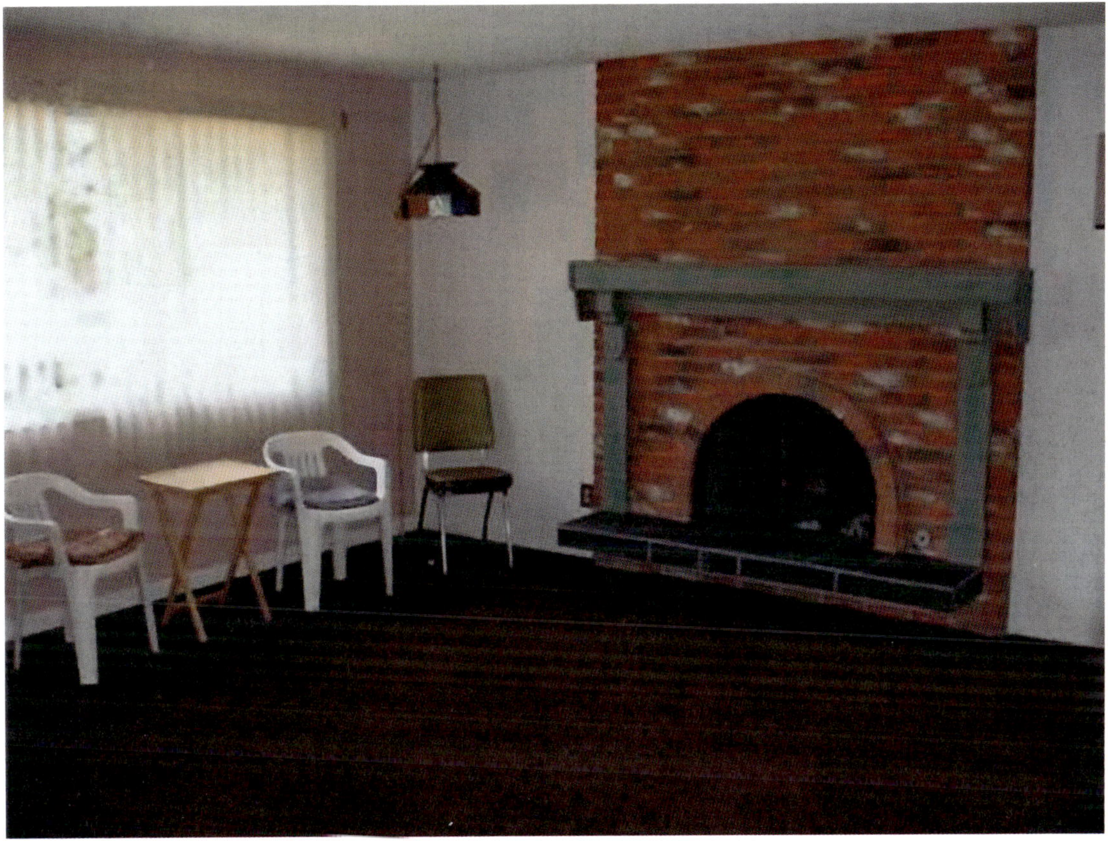

Und dies ist das Wohnzimmer, wo die Gäste zur Erbauung der Eigentümer stets um unterhaltsame Darbietungen gebeten wurden.

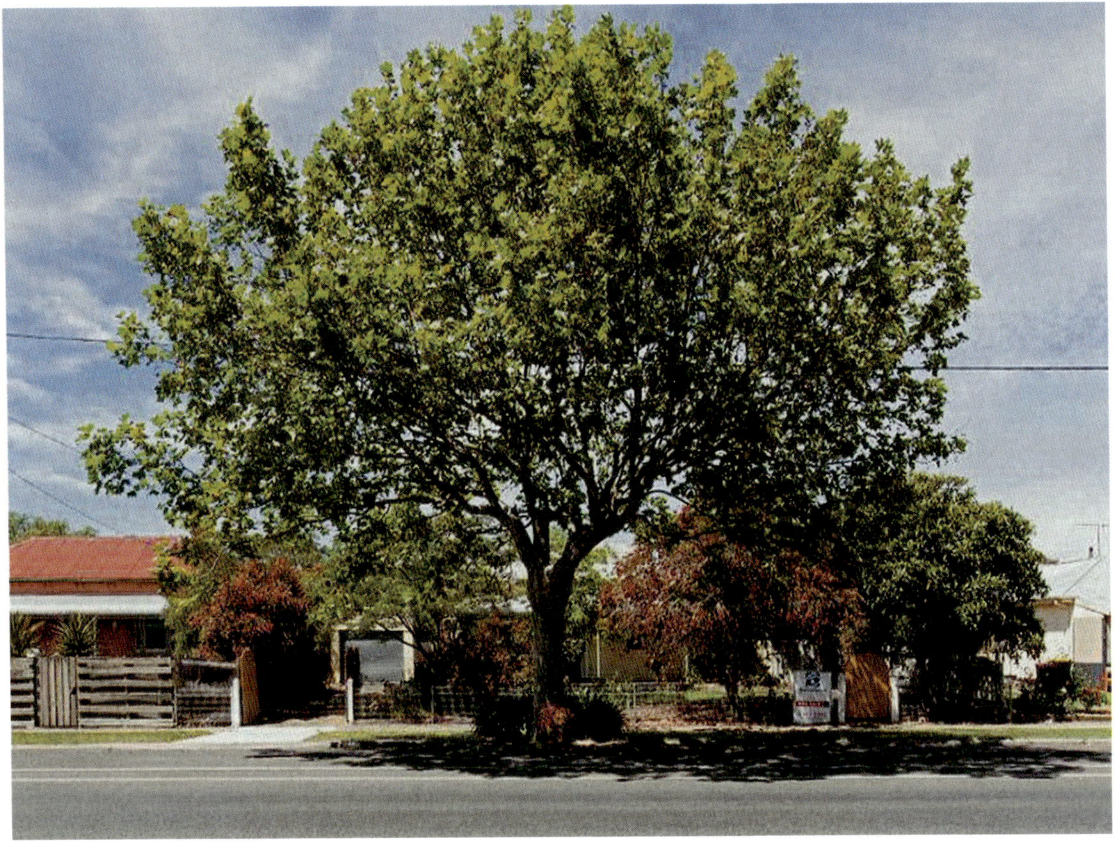

Kleiner Tipp: Sollte die Immobilie nicht viel zu bieten haben, versuchen Sie die Käufer durch Fotos anderer Objekte abzulenken.

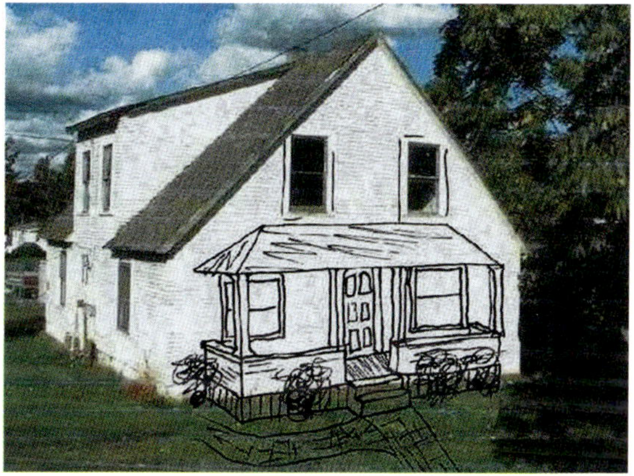

Und warum sollten sich Makler nur auf den Verkauf von Objekten beschränken, die tatsächlich existieren?

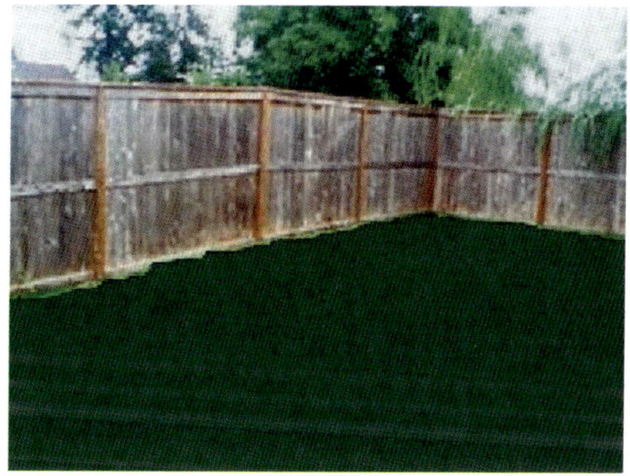

Moderne Software-Lösungen machen es möglich: Künstliche Elemente können heutzutage kinderleicht in Fotos integriert werden und sind durch nichts von den natürlichen Gegebenheiten zu unterscheiden.

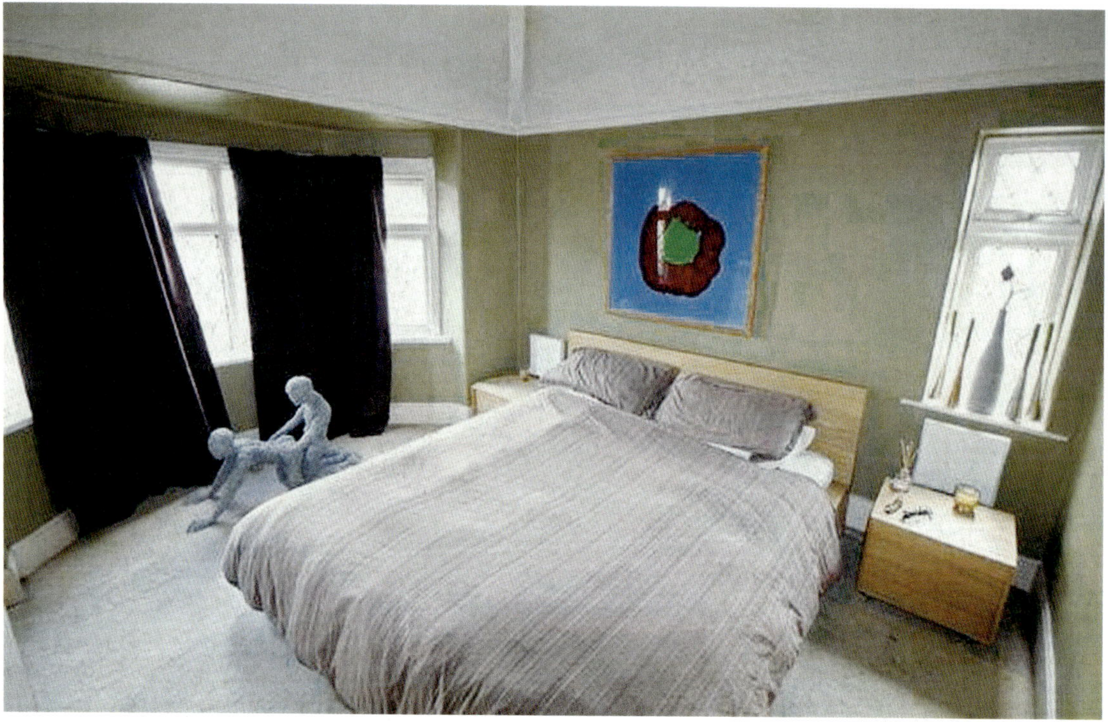

Entschuldigen Sie bitte. Wir kommen später noch mal wieder.

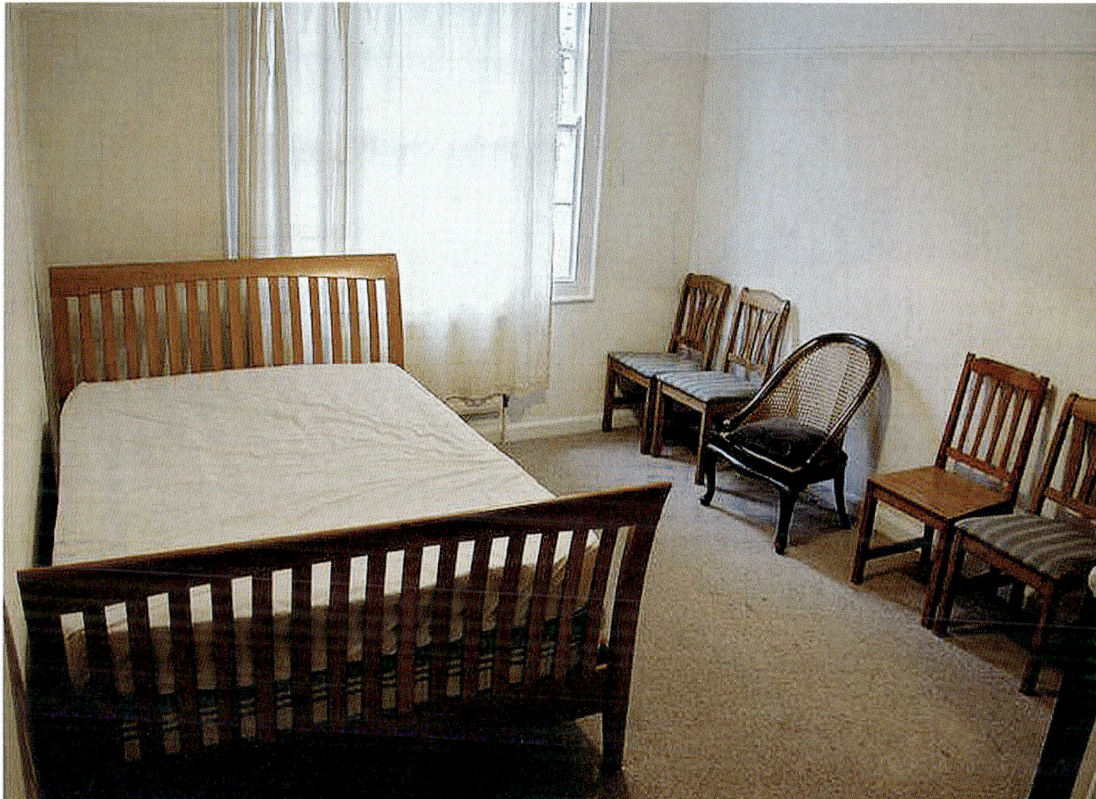

Tipp am Rande: Sollte kürzlich jemand im Kreise der Familie und des Hauspfarrers verstorben sein, darf man hinterher ruhig die Stühle umgruppieren.

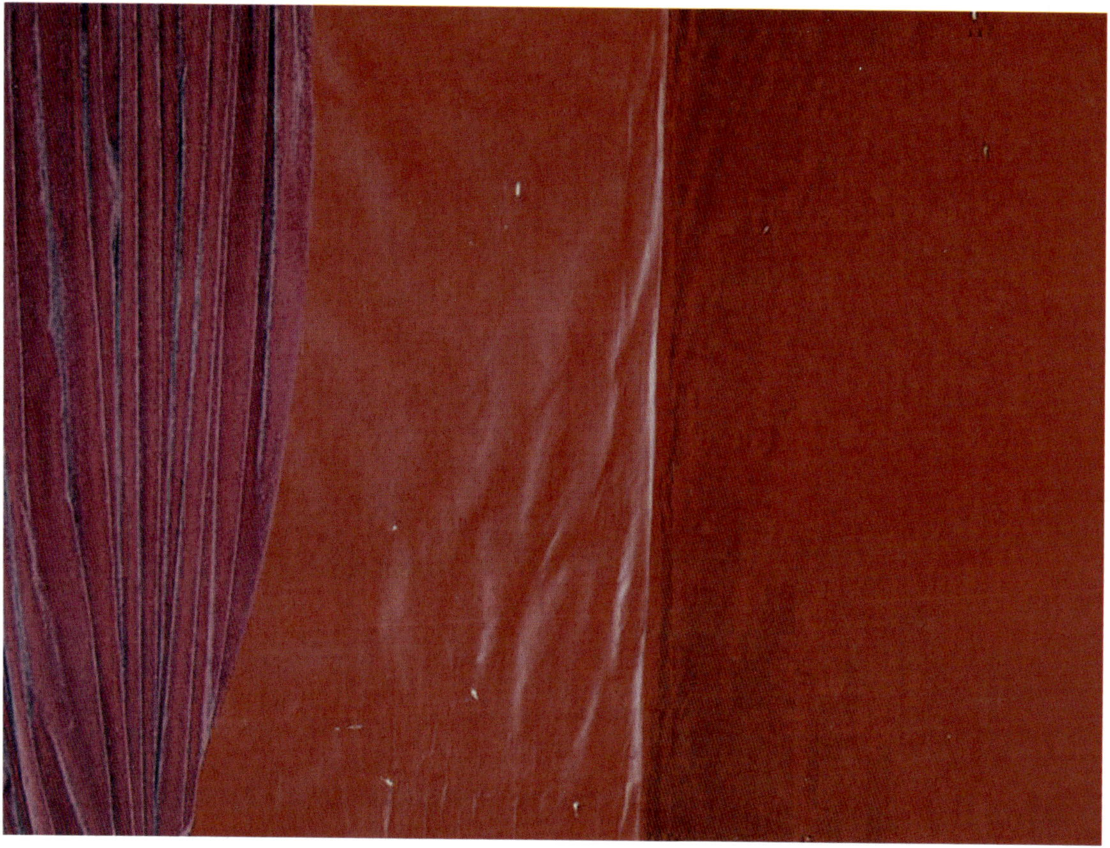

Ein wundervolles Beispiel dafür, wie ein Makler seine Fotografie zu abstraktem Expressionismus erhebt. In diesem Fall wurde eine Hommage an Mark Rothko geschaffen.

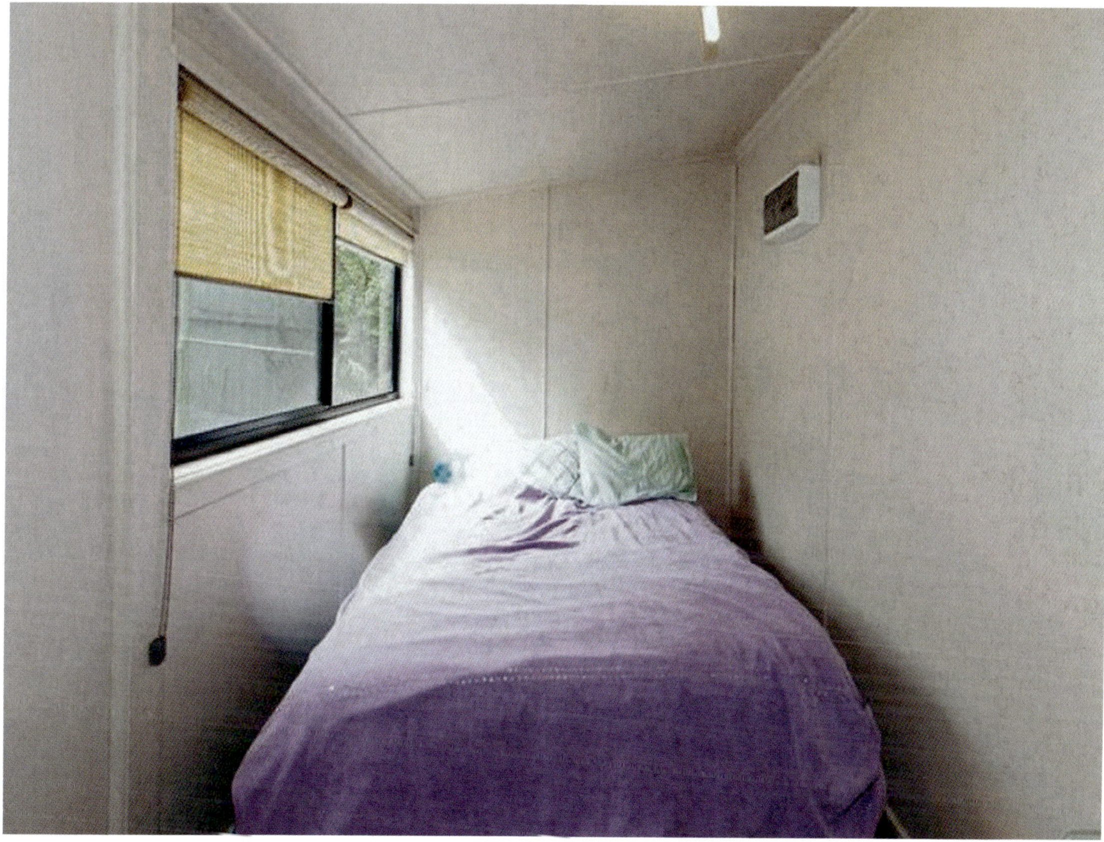

Wenn es unmöglich ist, mit dem falschen Bein aufzustehen,
wird jeder Tag garantiert ein guter Tag.

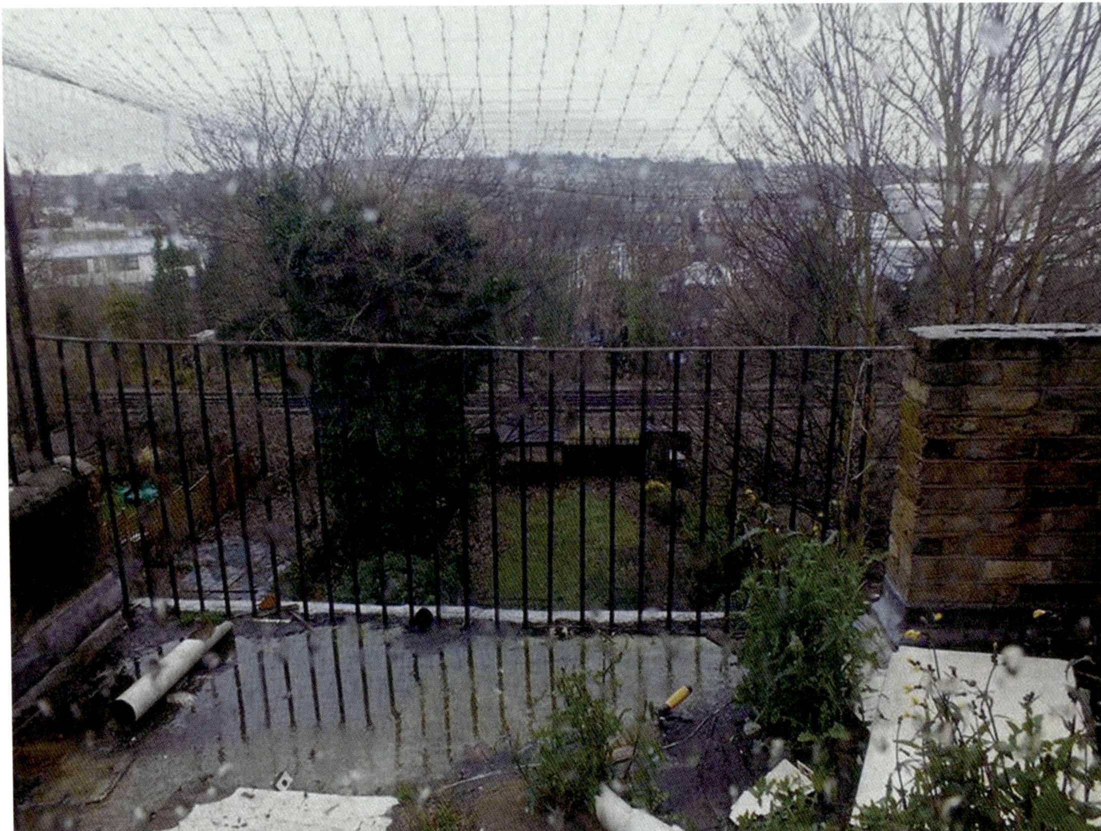

Entgegen der landläufigen Meinung ist das beste Wetter für Immobilienfotografie Platzregen mit Windböe. Das Gefühl von Einsamkeit und Verzweiflung wird so maximal intensiviert.

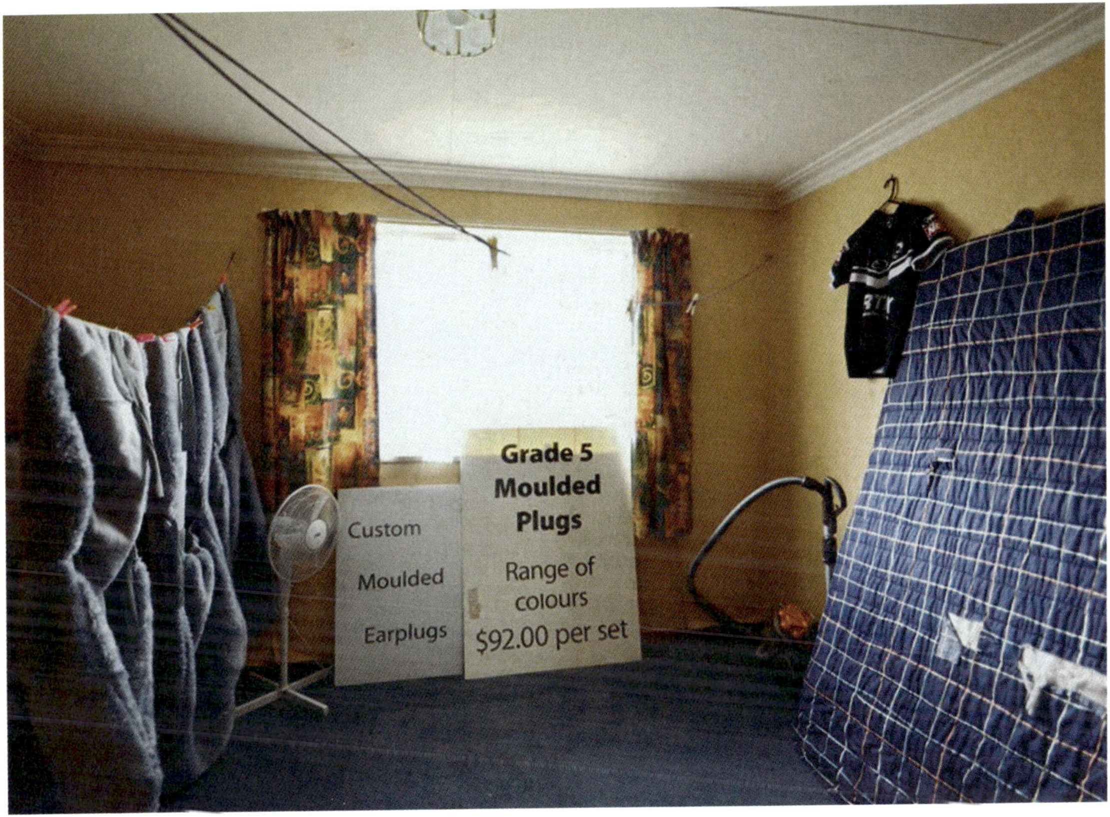

Ein Bild und so viele Fragen: Ohrstöpsel können maßgefertigt werden? Sie sind klassifiziert? Man hat Farben zur Auswahl? Und sie kosten WIE VIEL? Oh, und es handelt es sich um ein Werbefoto für eine Immobilie?

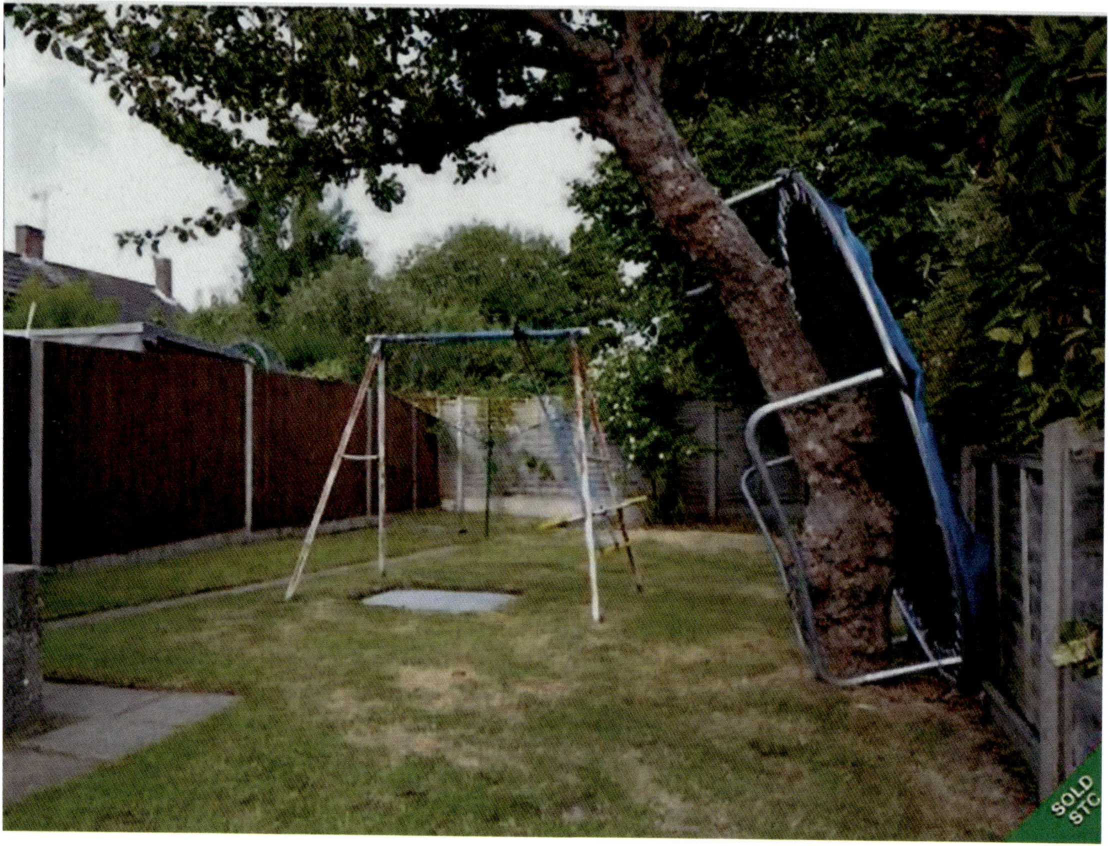

Ein seltener Blick auf das, was Zoologen ein Baumtrampolin nennen.

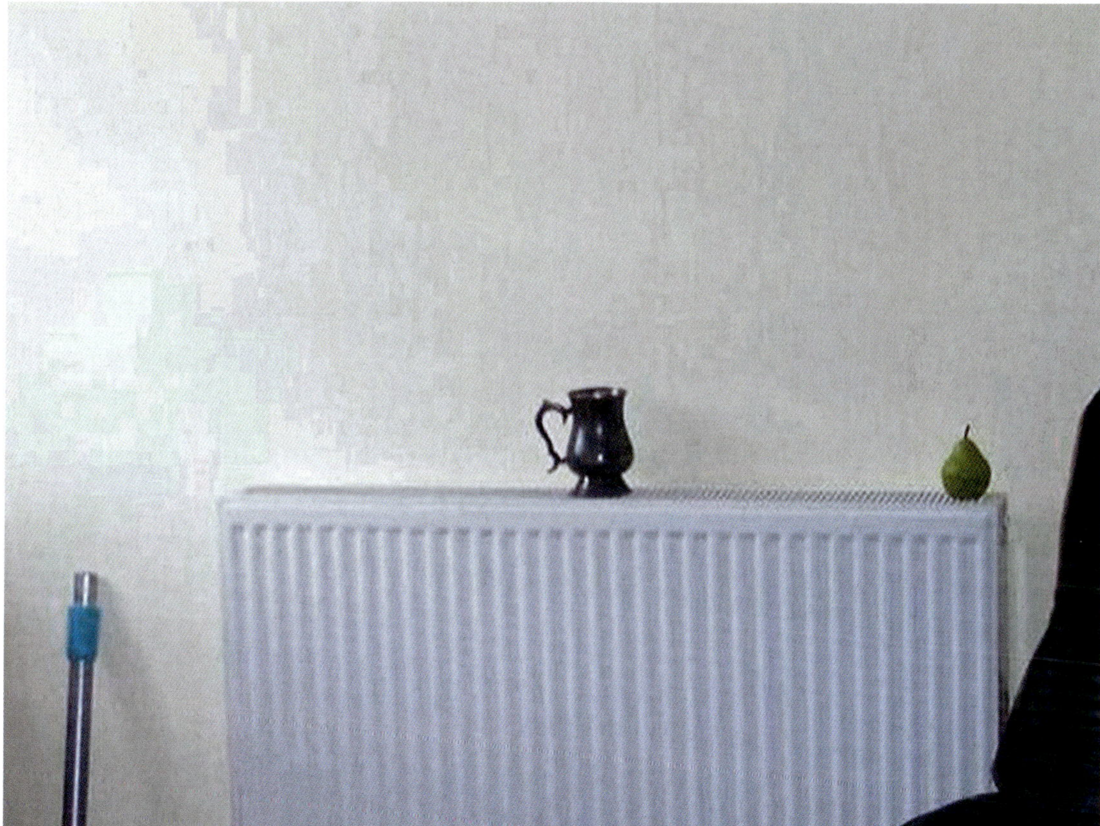

Ein weiterer Vorstoß in die Welt des Post-Impressionismus. In diesem Fall in Form einer Hommage an den belgischen Surrealisten René Magritte.

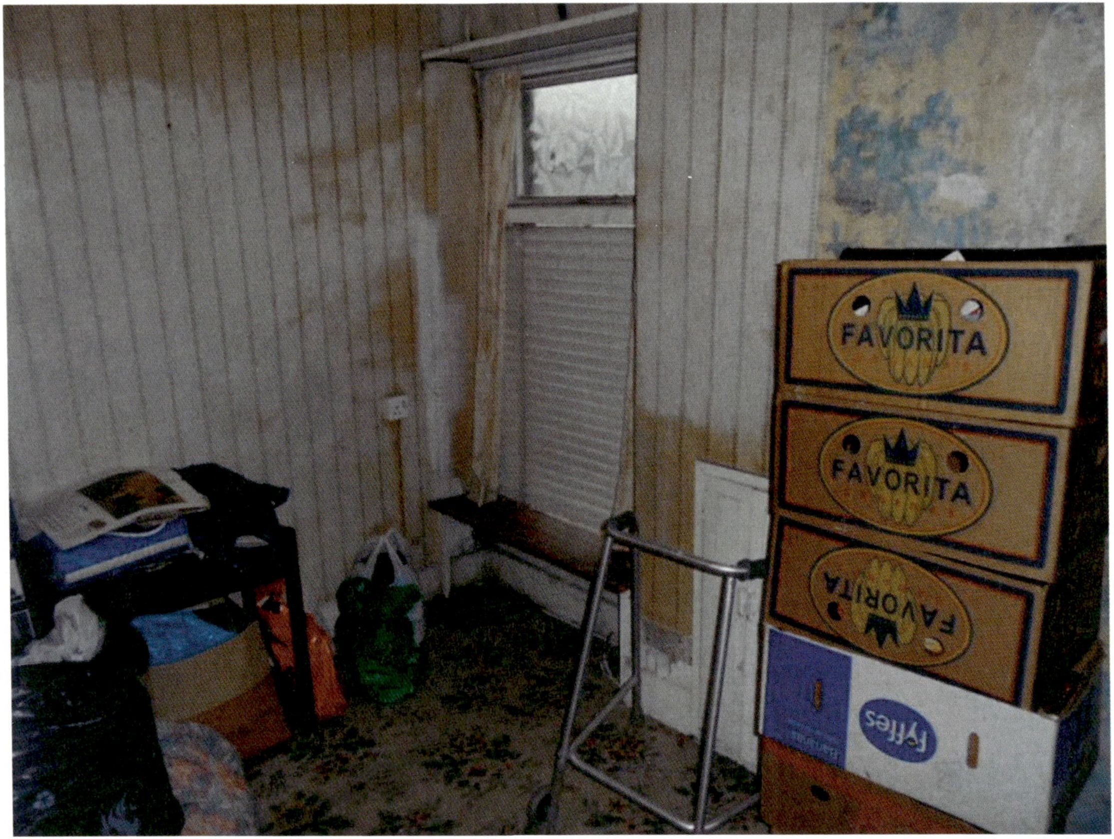

Eine Gehhilfe ohne den dazugehörigen Senioren bedeutet für gewöhnlich nichts Gutes.

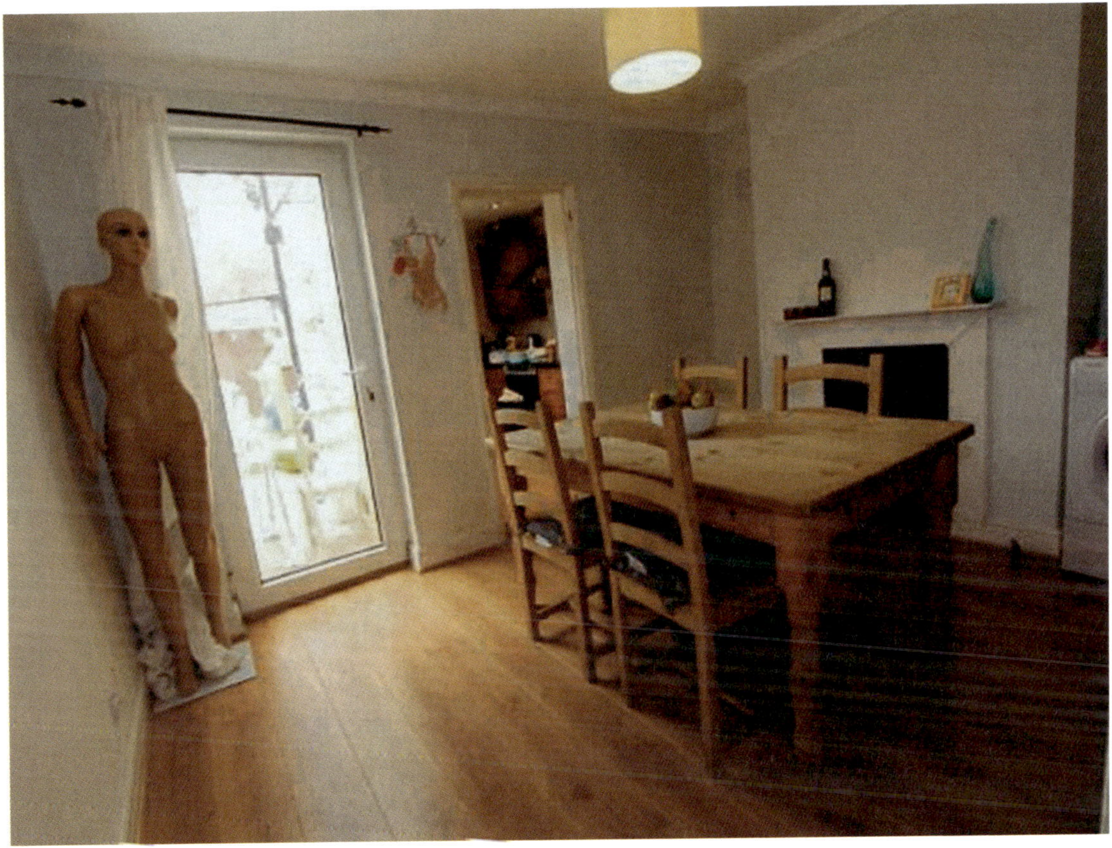

Ziehen Sie sich bitte etwas an. Wir sind gerade beim Essen.

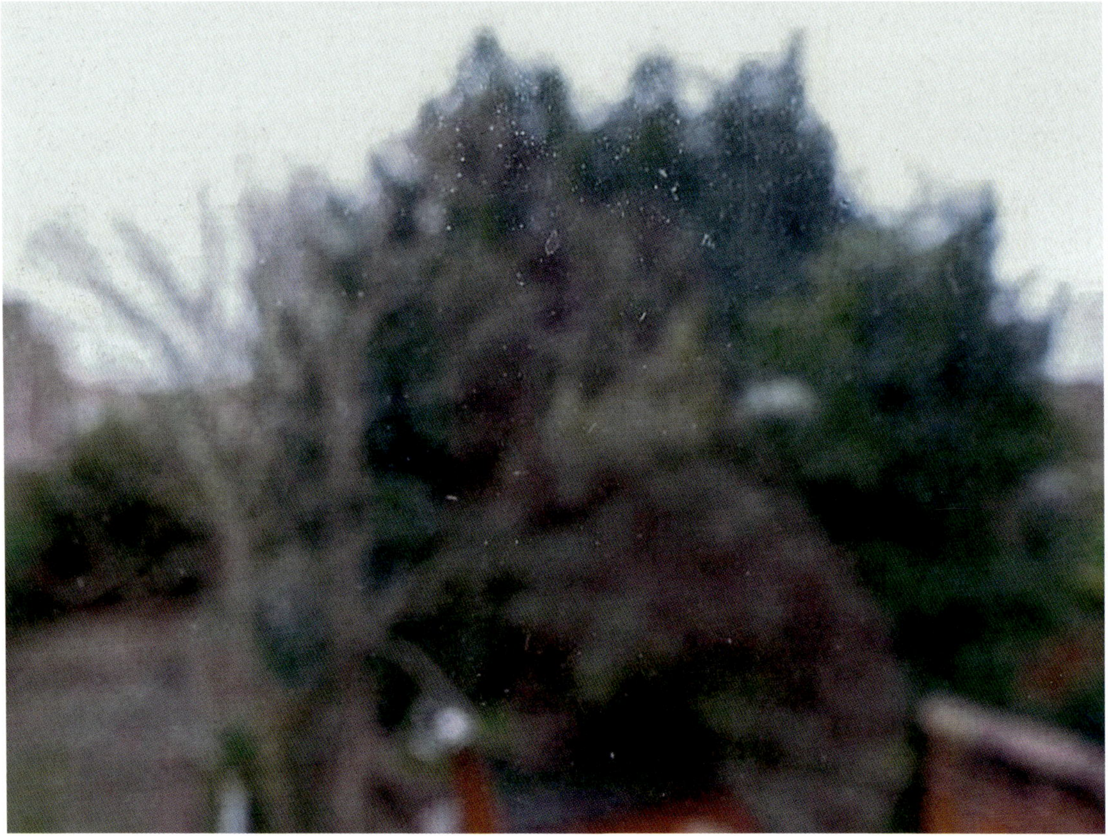

Interessant – der Fokus wird hier nicht auf die Aussicht, sondern auf die Qualität der Glasscheibe gelegt.

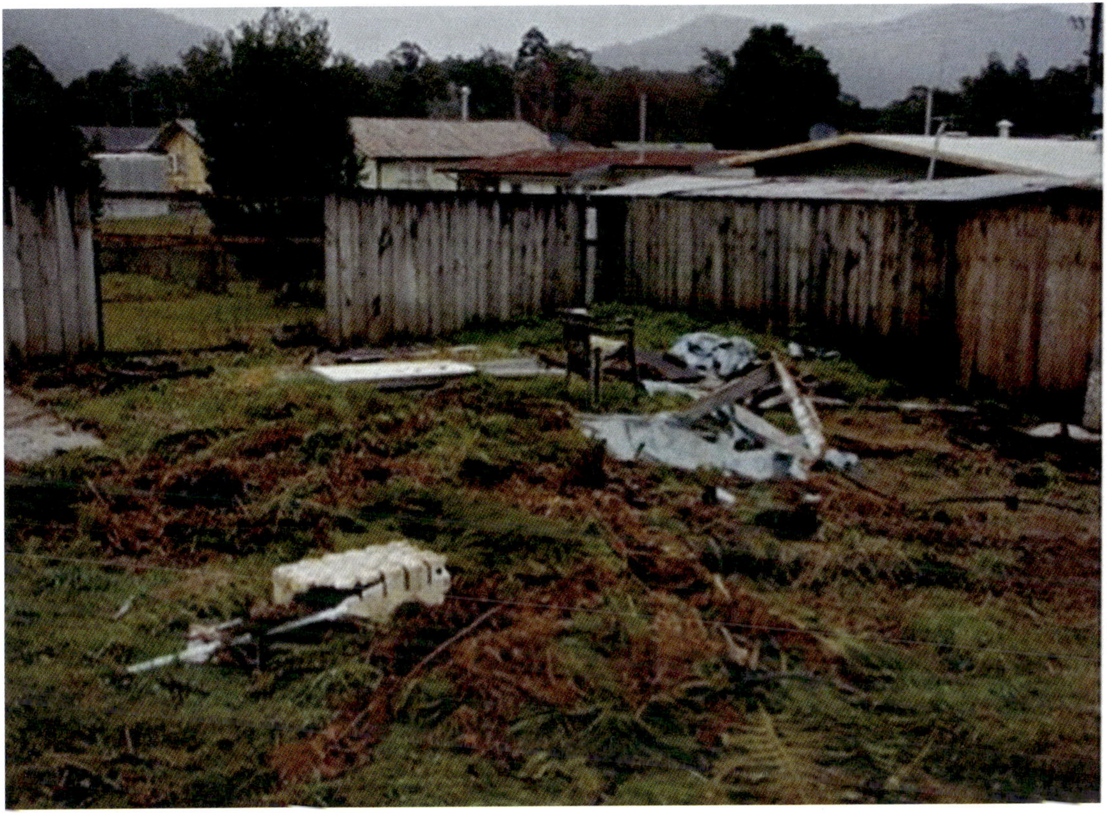

Besonders berührendes Porträt eines einsamen Gartenstuhls. Da er seine verbleibenden Jahre als Geächteter verbringen muss, sucht er Trost in der Gesellschaft unspezifischen Baumaterials und toten Laubs.

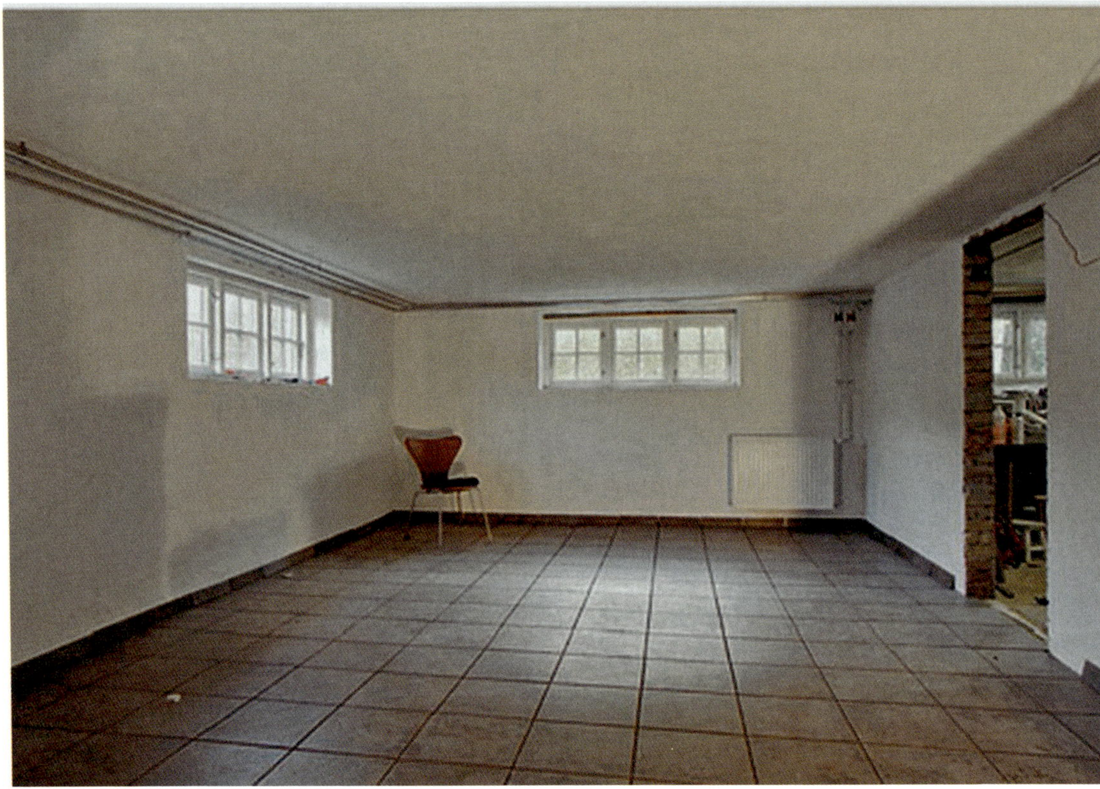

Dann und wann halten Makler der Menschheit einen Spiegel vor und zeigen uns unsere vergebliche Suche nach dem Sinn des Lebens in einer Welt, der es an Hoffnung und Liebe mangelt. Sie tun das, indem sie einen Stuhl ins Eck eines leeren Zimmers stellen und die Kamera draufhalten.

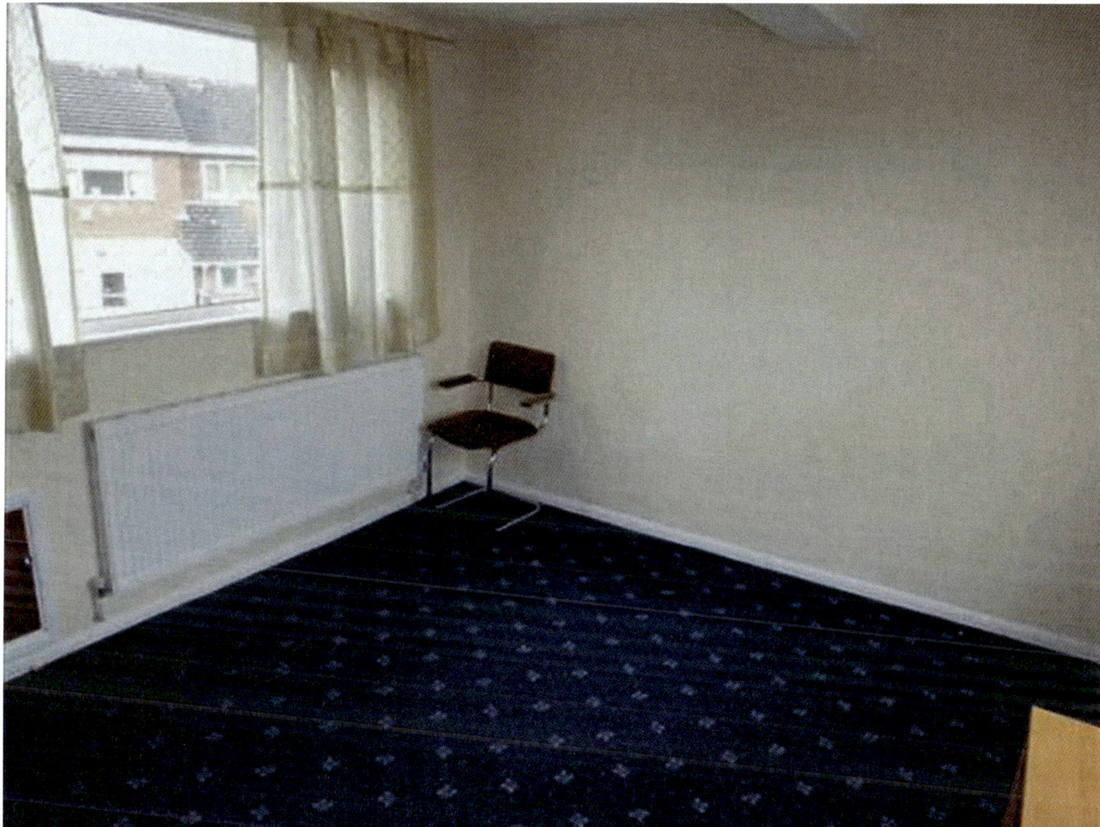

Ein weiterer Stuhl der Verlassenheit.

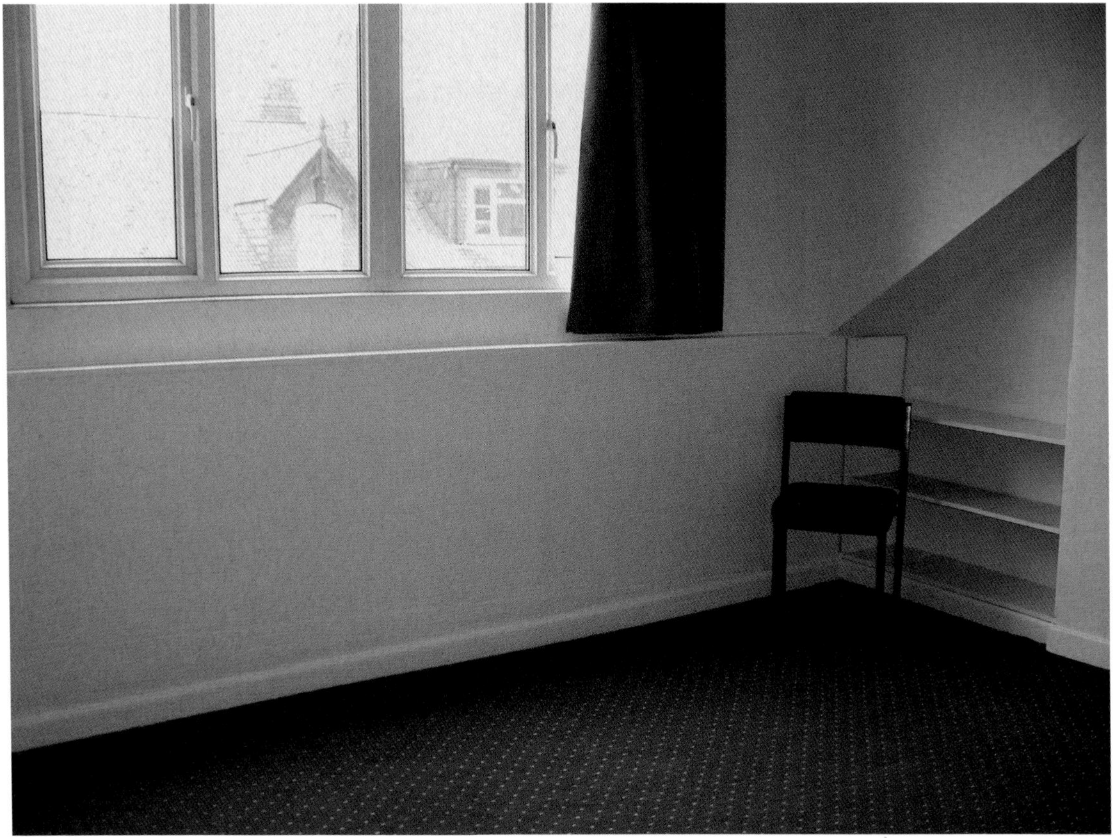

Stuhl der Verlassenheit. Weiteres Beispiel.

Die Konvention verlangt es, dass Standgeräte eher am Boden als an der Decke befestigt werden. Aber wäre die menschliche Spezies da, wo sie ist, wenn sie sich stets an die Regeln gehalten hätte?

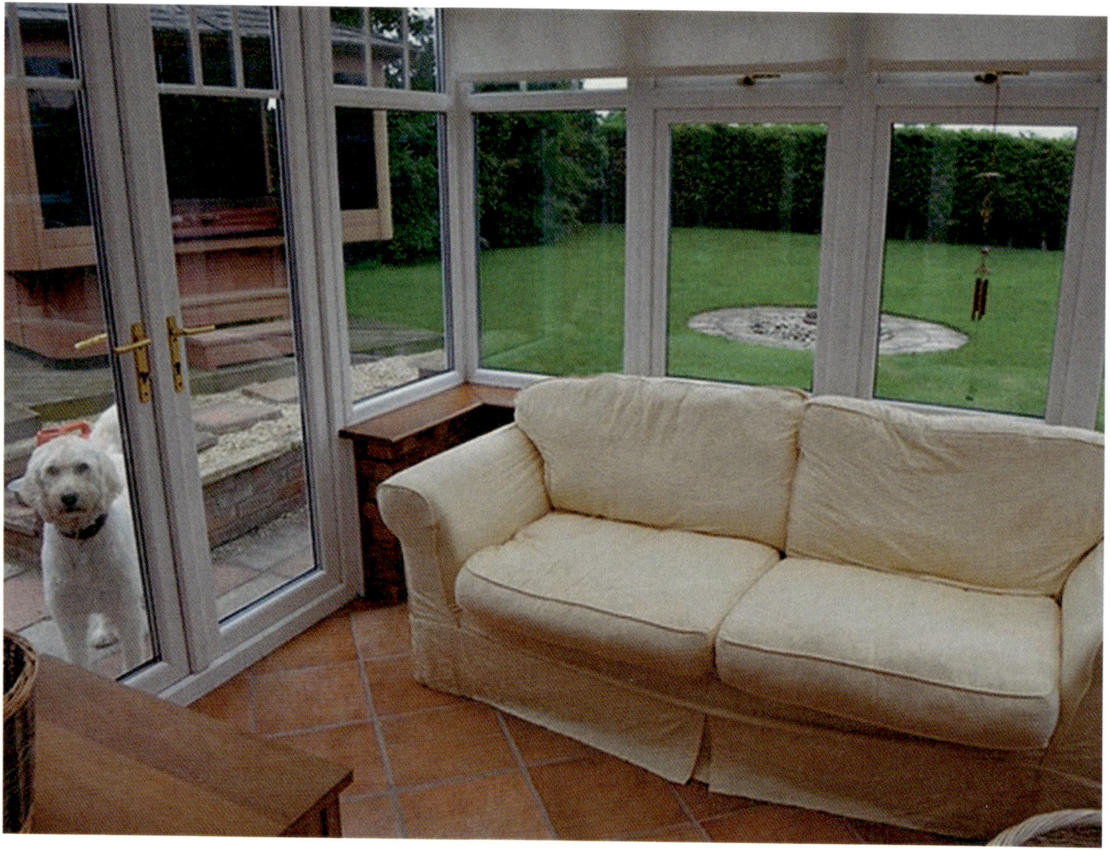

Er mag ausgesperrt sein. Irgendetwas an seiner Mimik legt jedoch nahe, dass die Sache für den Makler damit noch nicht erledigt ist.

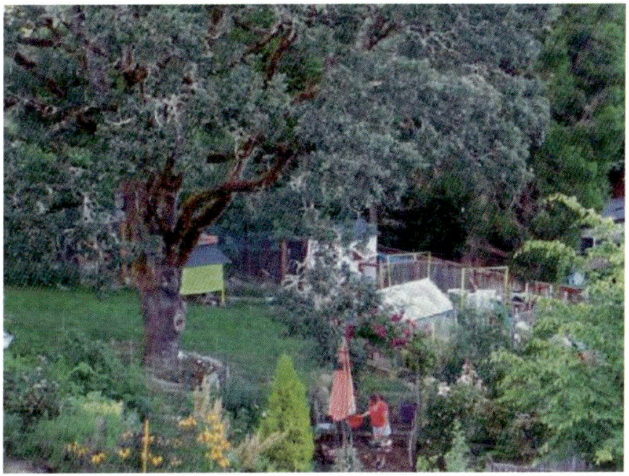

Klassischer Fall des »Ausweichmanövers«.
In Ermangelung eines attraktiven
Außenbereichs behilft sich der Makler
mit der Aufnahme des Nachbargartens
von einem Fenster im Obergeschoss.

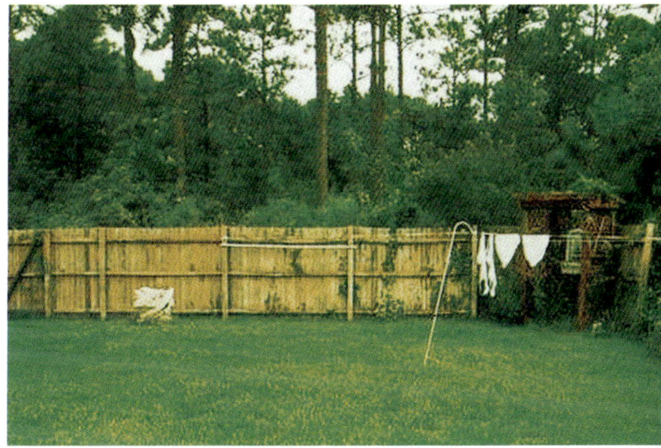

An diesem Garten wurde nichts verändert,
seit er 1976 im Vorspann für die
Benny Hill Show gezeigt wurde.

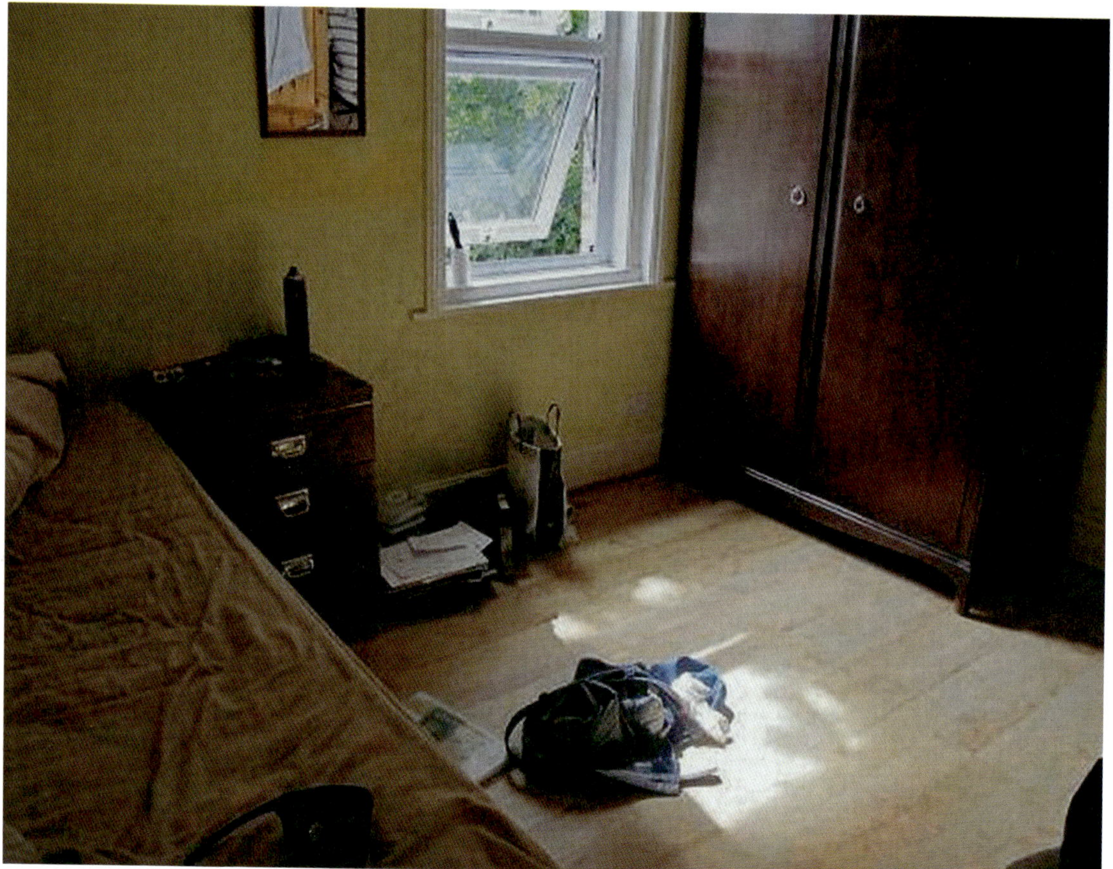

Zu verkaufen. Eigentümer zuletzt gesehen beim Ausziehen seiner Hose,
kurz bevor er aus dem Fenster sprang.

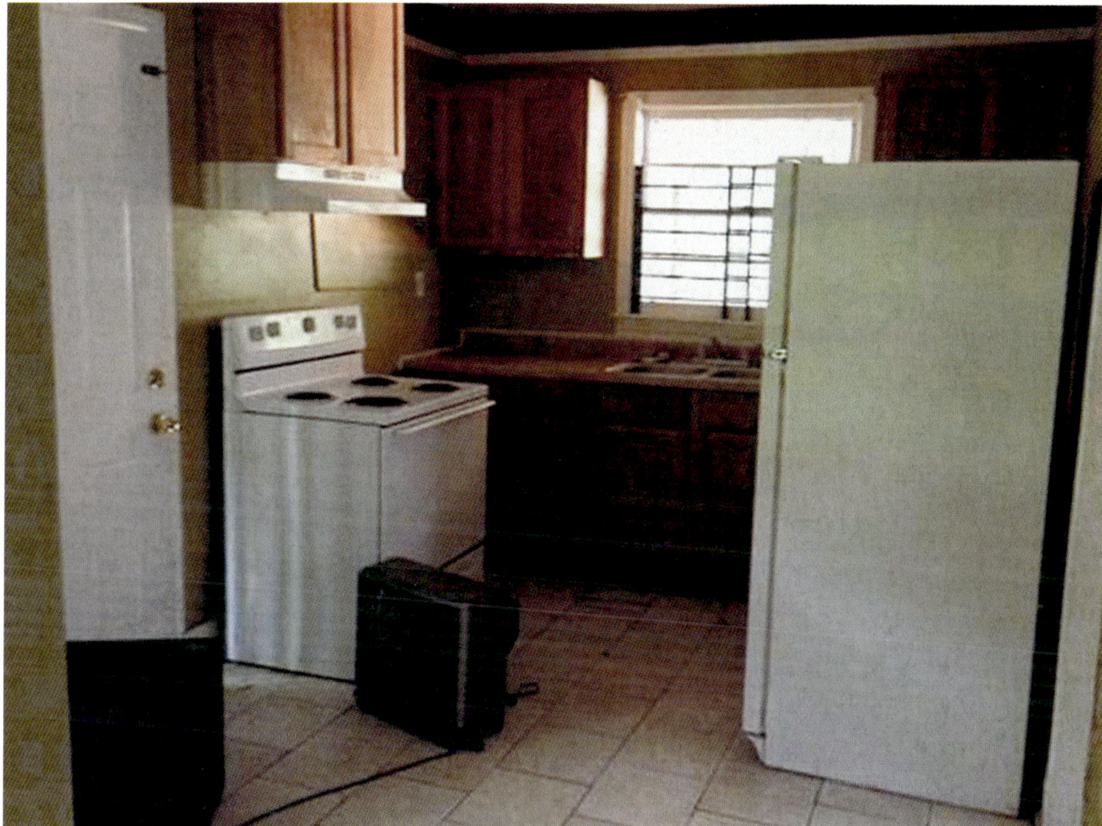

Nur selten lässt sich der Röhrenfernseher dabei beobachten, wie er seinesgleichen aufsucht, um in den guten alten Zeiten zu schwelgen.

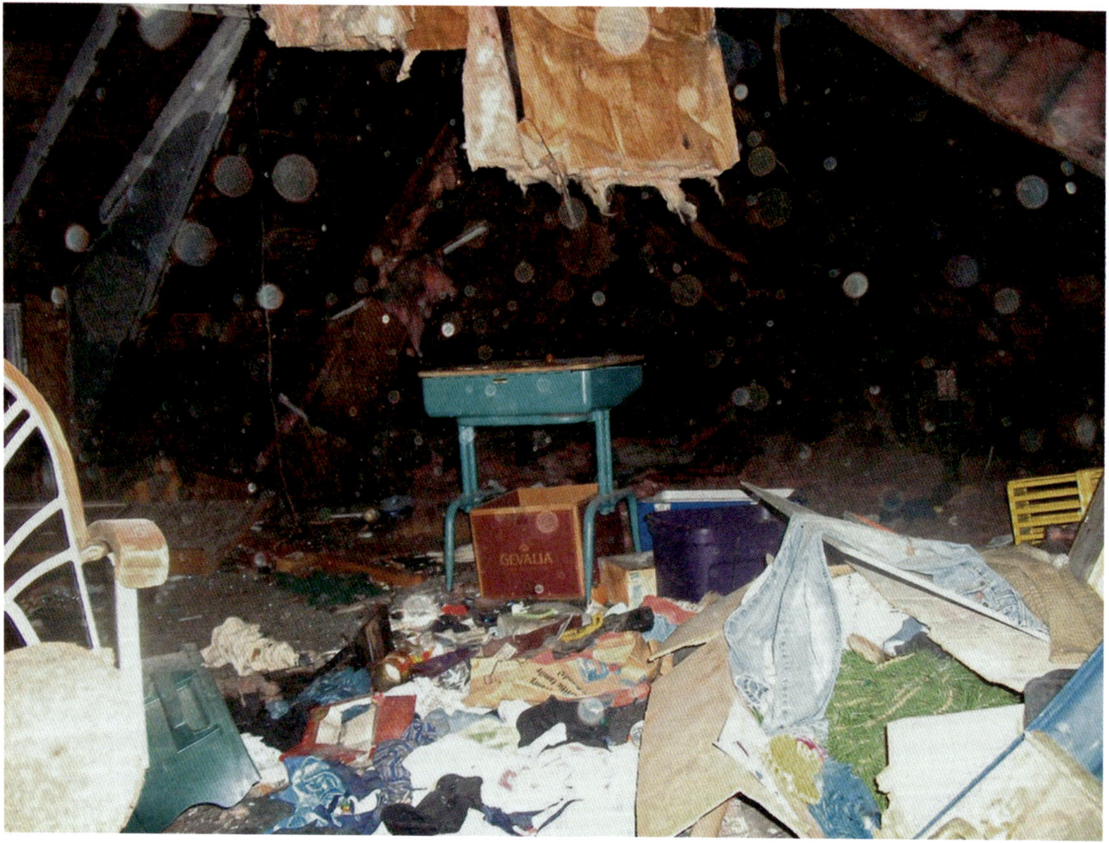

Manchmal gelingt es einem Makler, wirklich Außergewöhnliches einzufangen.
In diesem Fall einen Indoor-Schneesturm.

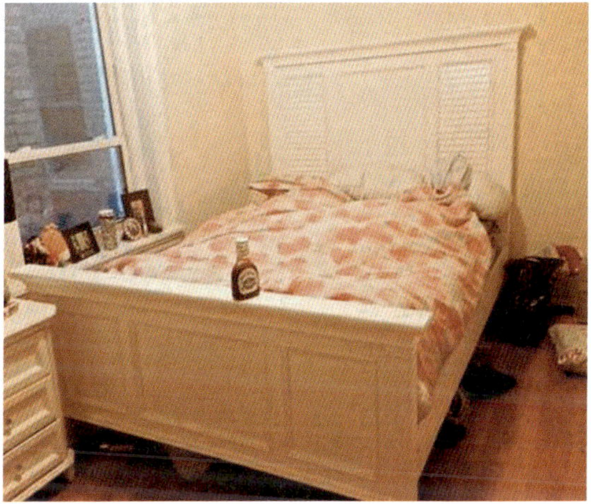

Nur in Ausnahmefällen ist es angebracht, eine Immobilienanzeige zur Vermarktung von Barbecue-Sauce zu nutzen.

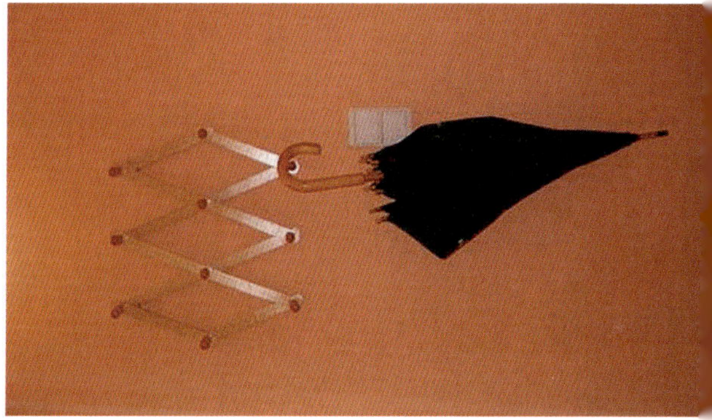

Gelegentlich lässt ein Immobilienmakler die Grenzen zwischen linkischer Fotografie und konzeptioneller Kunst verschwinden und kreiert etwas, das Wohnungssuchende und Kunsthistoriker gleichermaßen noch viele Jahre staunen lassen wird.

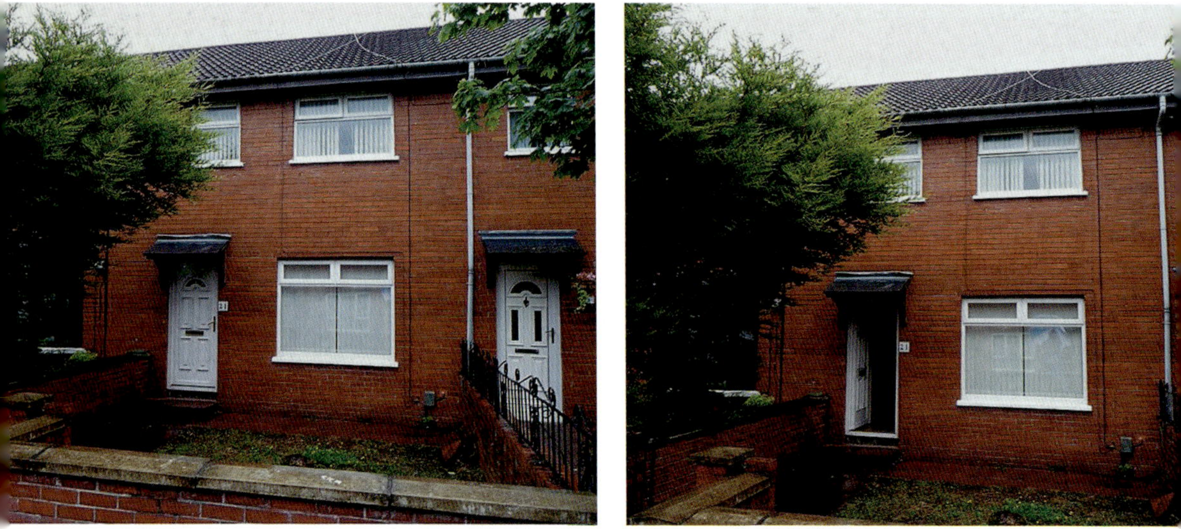

»Alles gut und schön, aber wie kommt man rein? Oh, verstehe ...«

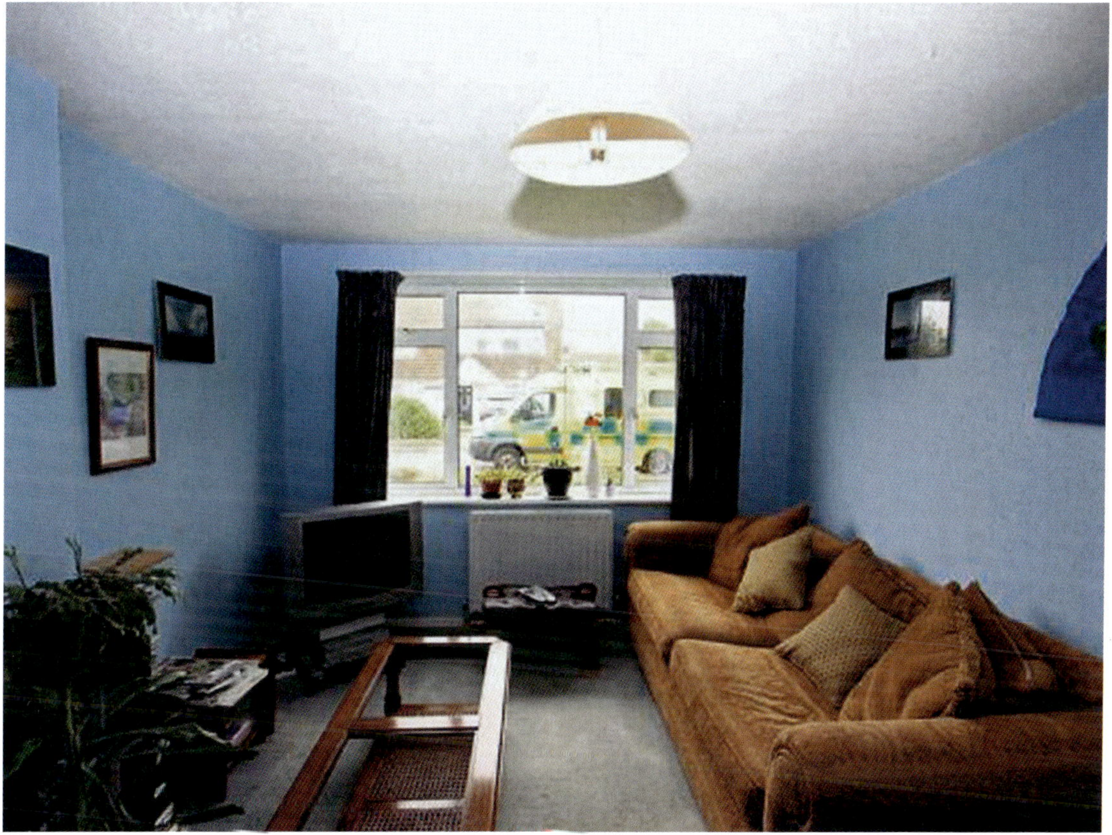

Obgleich es nur eine geringe Chance auf Heilung gab, hätte man vielleicht noch die Abfahrt des Krankenwagens abwarten sollen, bevor man sich ans Verkaufen des Hauses machte.

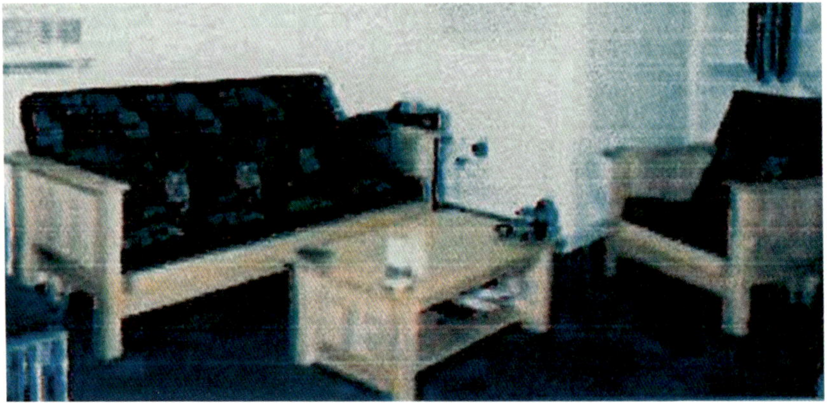

◁ Eine Immobilie aus der Nixon-Ära. Man kann nur hoffen, dass sie seitdem unangetastet geblieben ist.

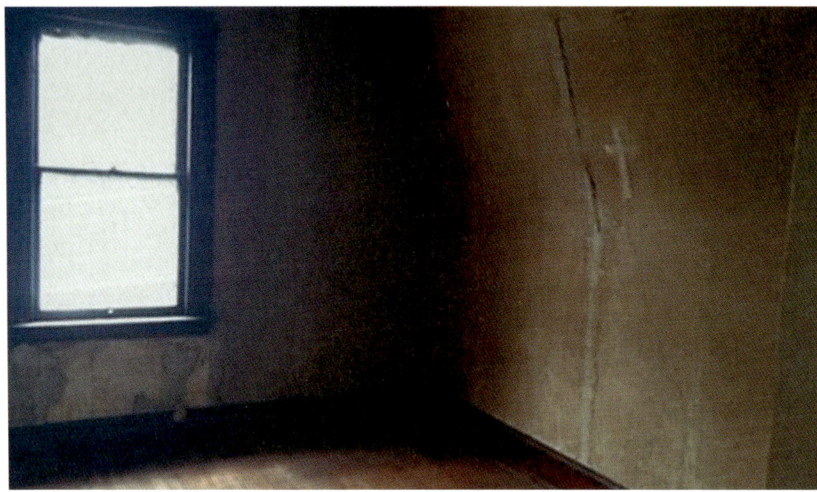

▷ Dies ist das Zimmer, in dem Onkel Eberhard saß und auf die Apokalypse wartete.

Einen Makler, der sogar während eines Schlaganfalls weiterhin seinen Pflichten nachgeht, muss man einfach für sein Engagement bewundern.

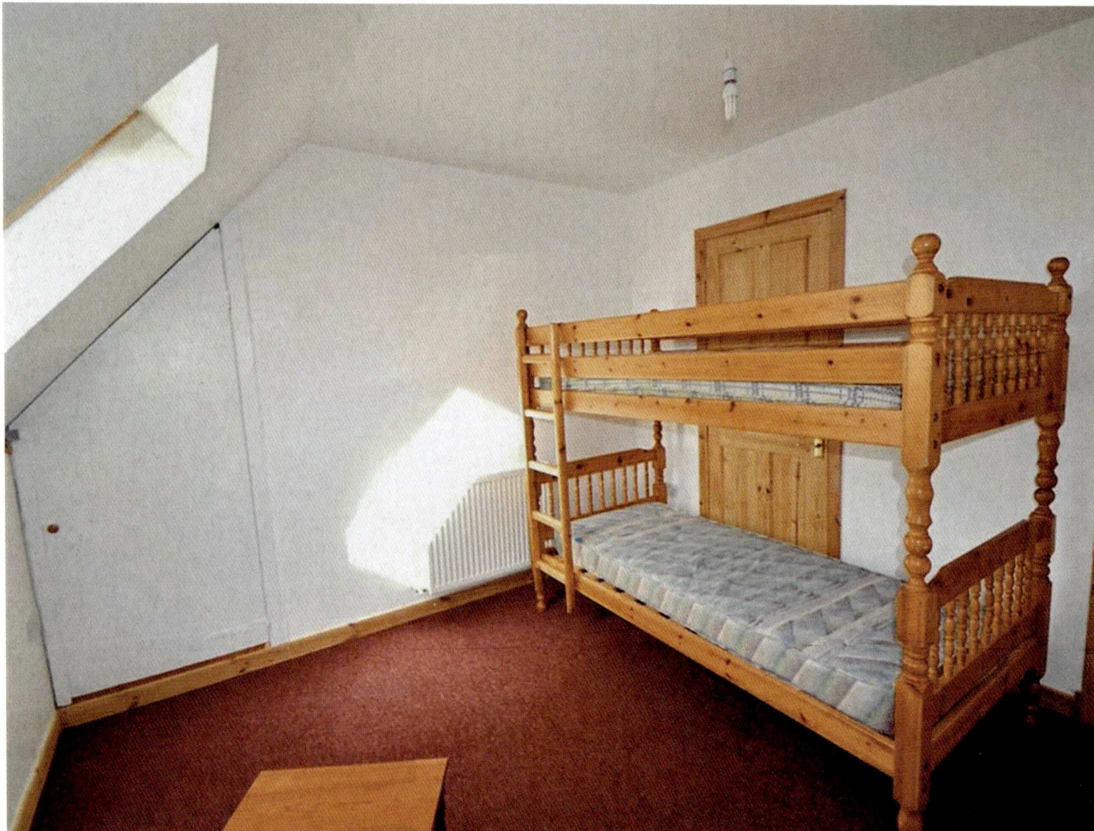

Der Nutzen dieses Stockbetts ist in gewisser Weise eingeschränkt durch die nicht vorhandene Möglichkeit, den Raum zu betreten.

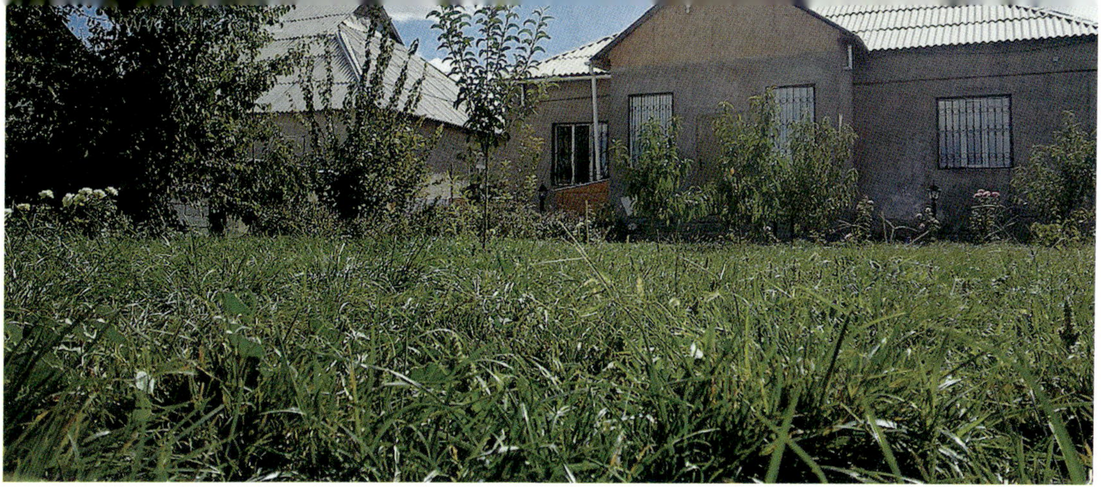

Der traditionelle Weg durch die Haustür ist nicht jedes Maklers Sache. Hier sehen wir Beispiele für die eher militärisch geprägte Methode des Durchs-Gras-Robbens.

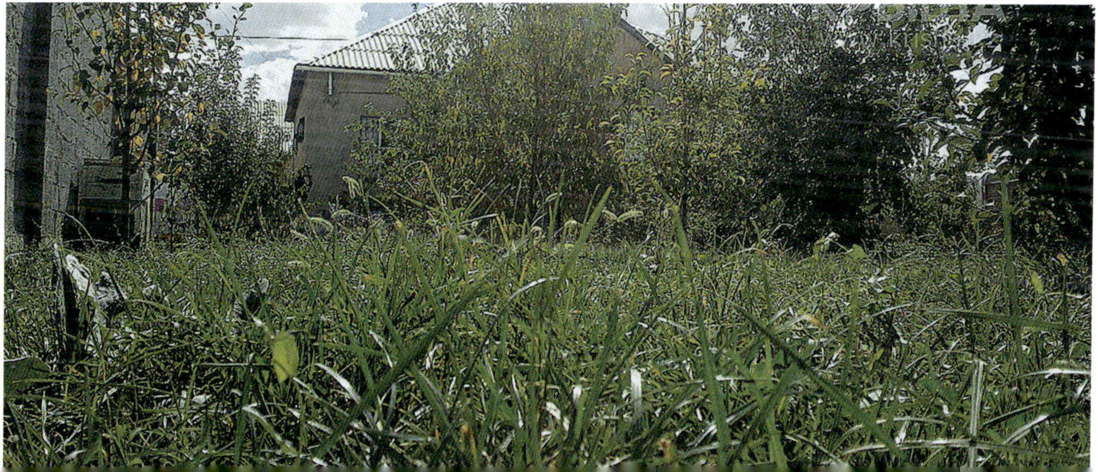

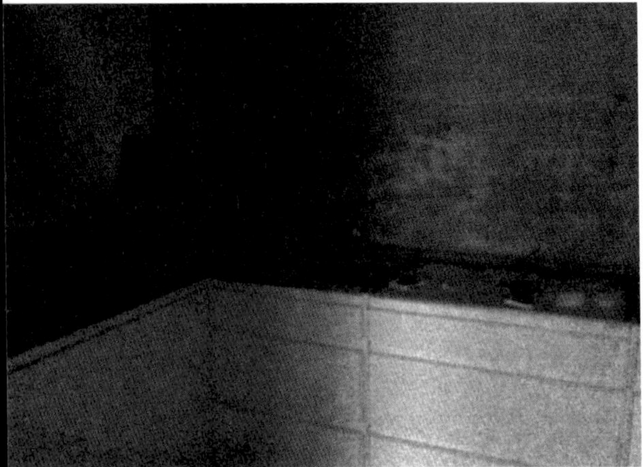

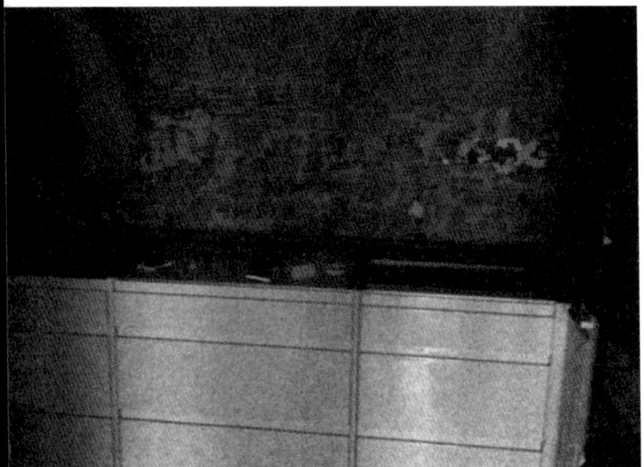

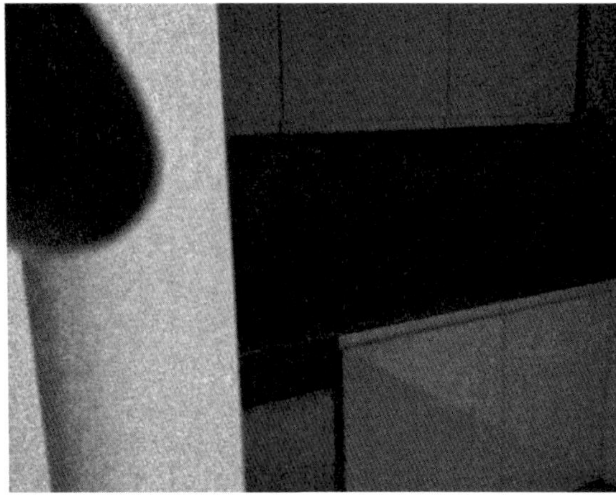

Triptychon der Schrecklichkeit

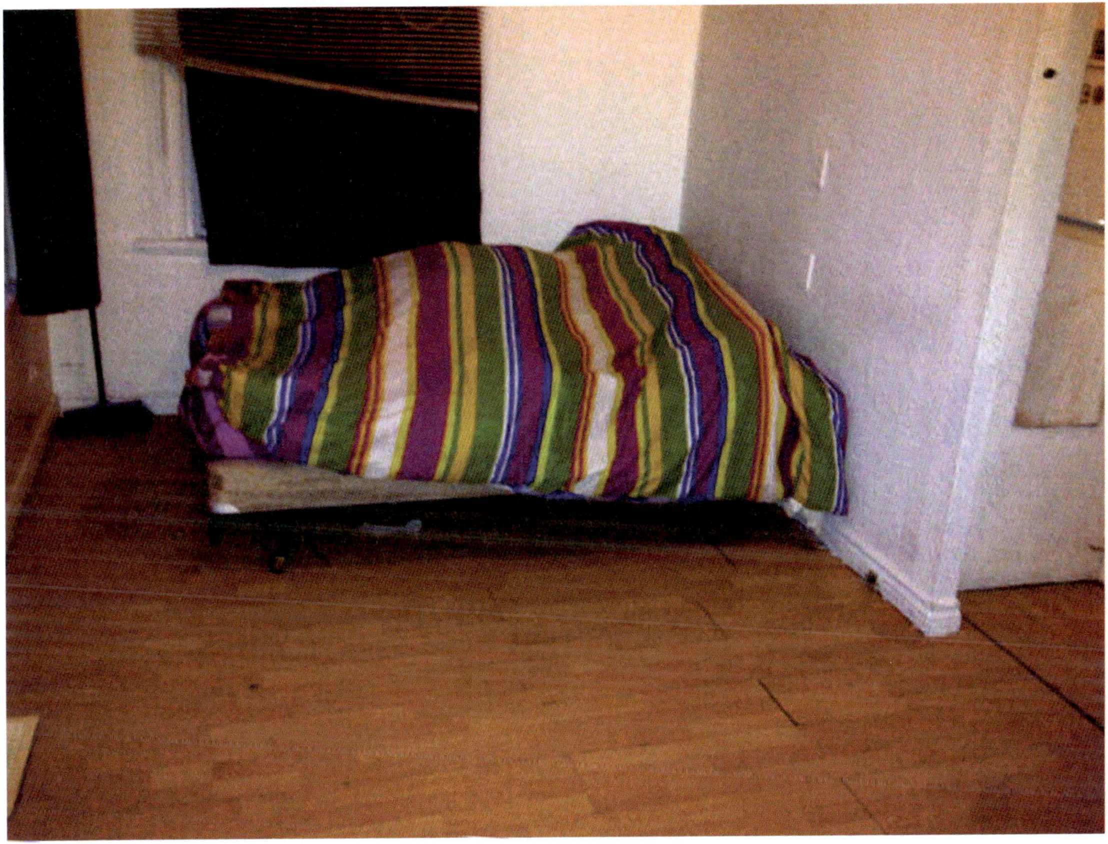

Gut und schlecht. Eigentlich sollten die Eigentümer längst auf sein, doch es spricht für sie, dass sie gewisse Vorkehrungen getroffen haben.

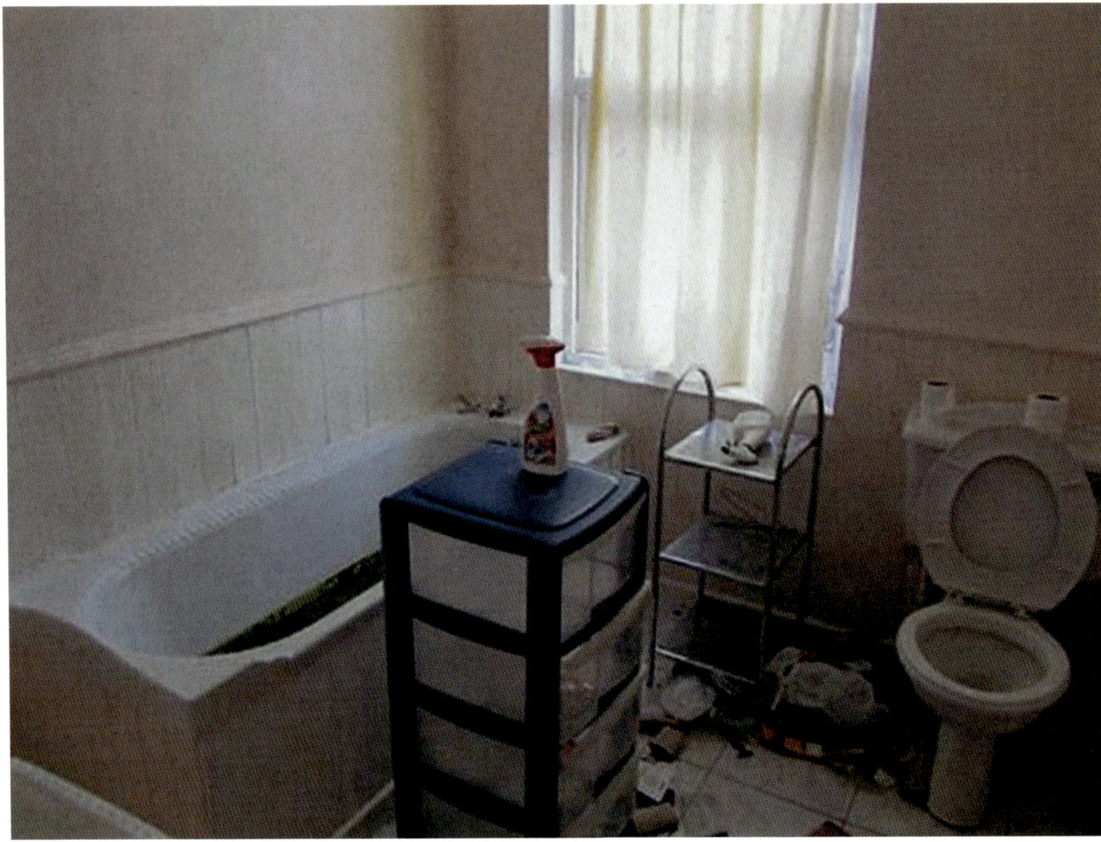

Eine Art David-und-Goliath-Situation. Wenn David eine kleine Flasche Badreiniger und Goliath eine Wanne voll grünen Schleims gewesen wäre. Und Goliath klar gewonnen hätte.

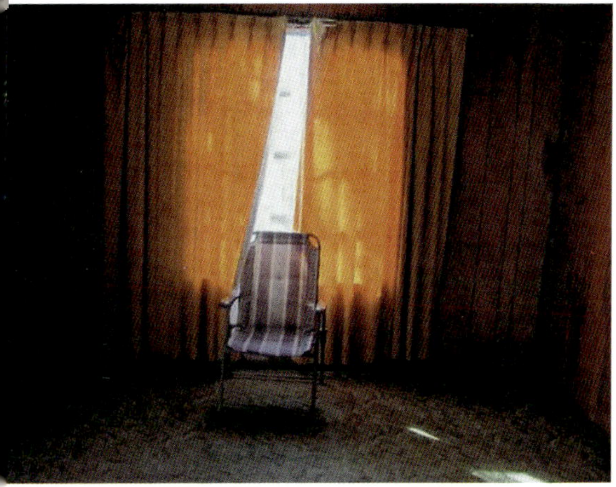

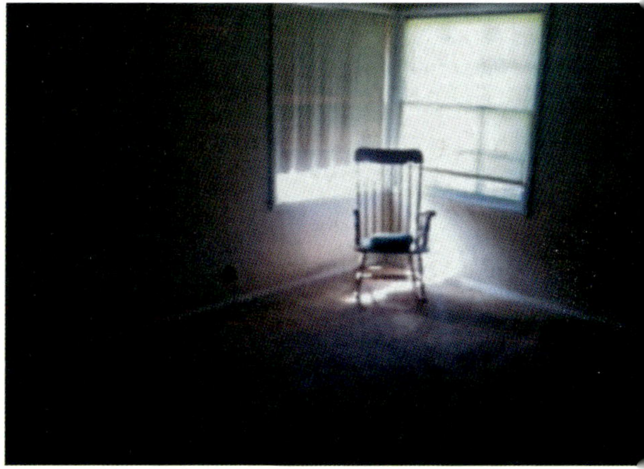

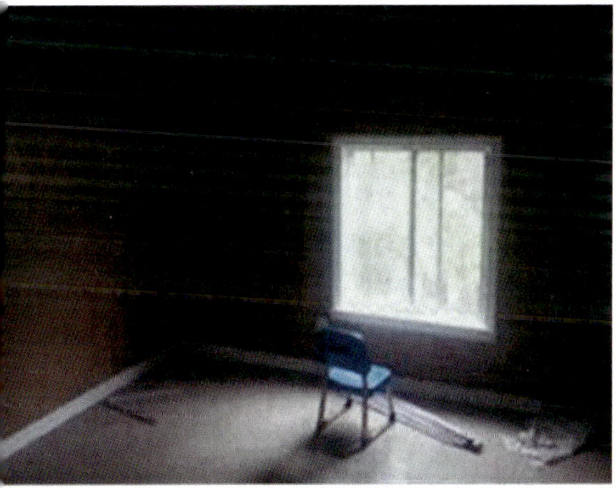

Klassiker des Maklerfotos-aus-der-Hölle-Subgenres »Psychopathen-Stühle«.

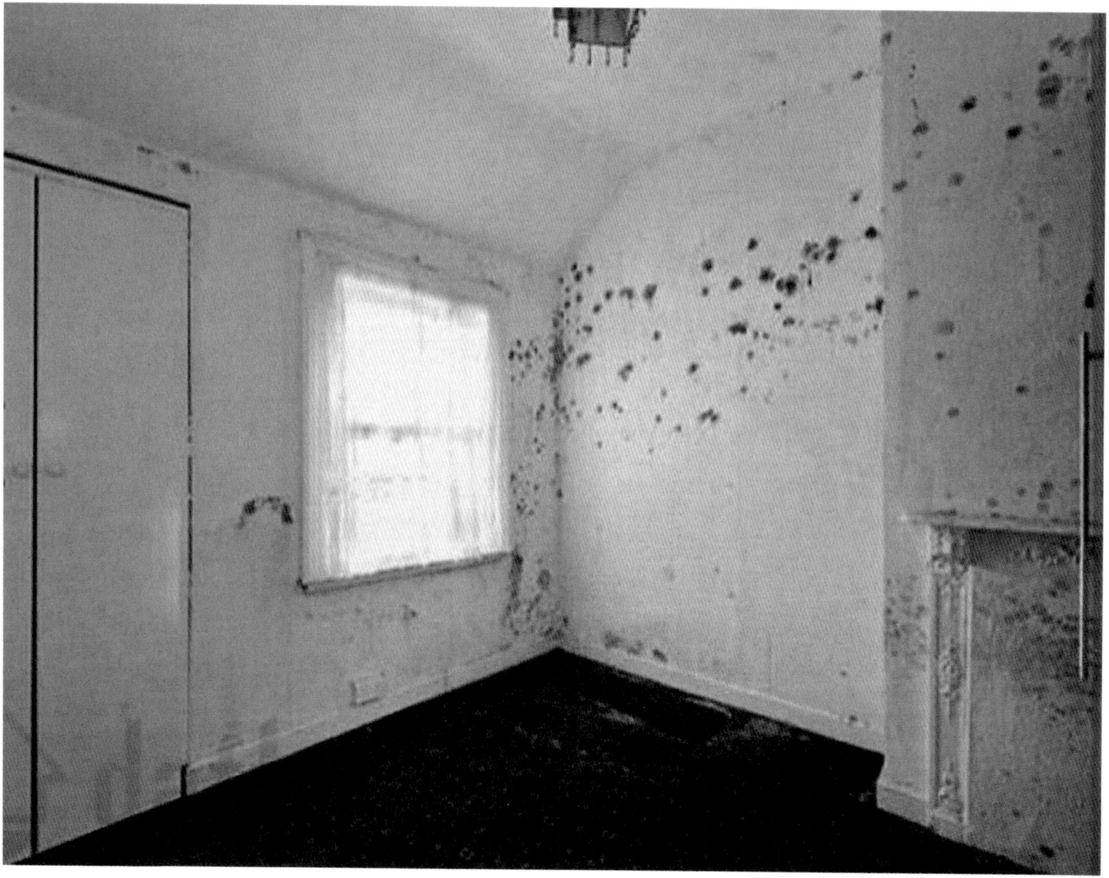

Pilzbefall oder Einschusslöcher? Was auch immer es ist, es ist wahrscheinlich nichts Gutes.

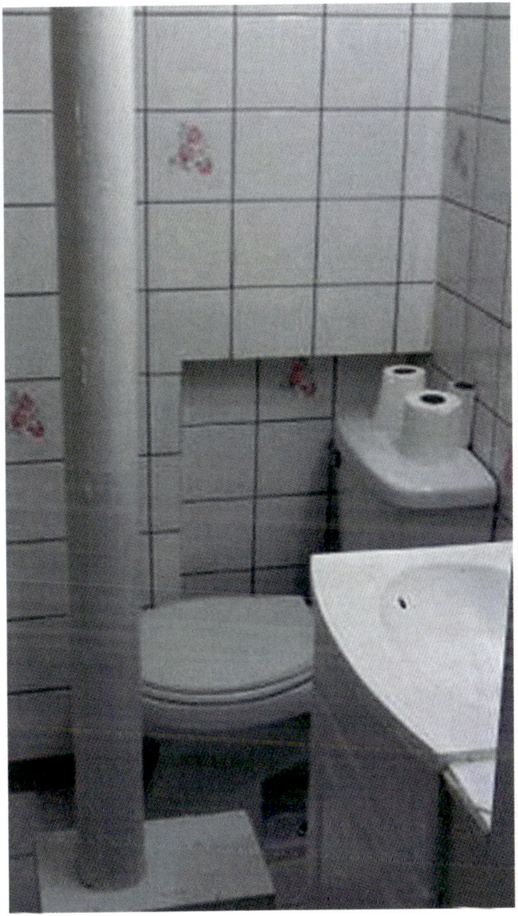

◁ Durch nichts konzentriert sich der Geist besser auf die vorliegende Aufgabe als das Geräusch anderer Leute Abwasser auf dem Weg in die Kanalisation.

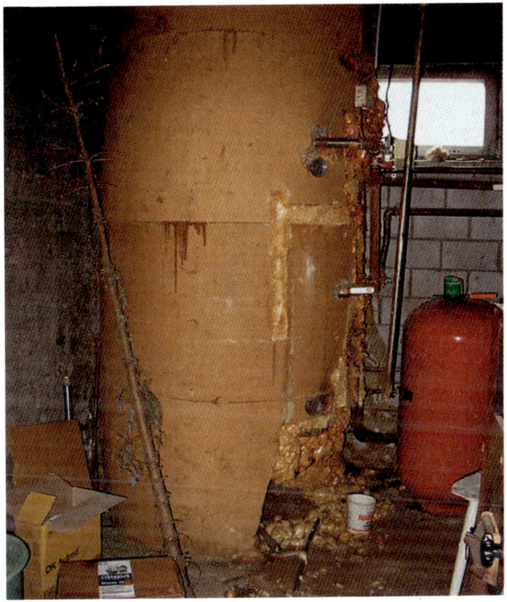

△ Die Heizanlage dieses Objekts hielt nicht nur das Haus warm. Der Eigentümer nutzte sie auch für seine letztlich erfolglosen Experimente, neue Lebensformen zu erschaffen.

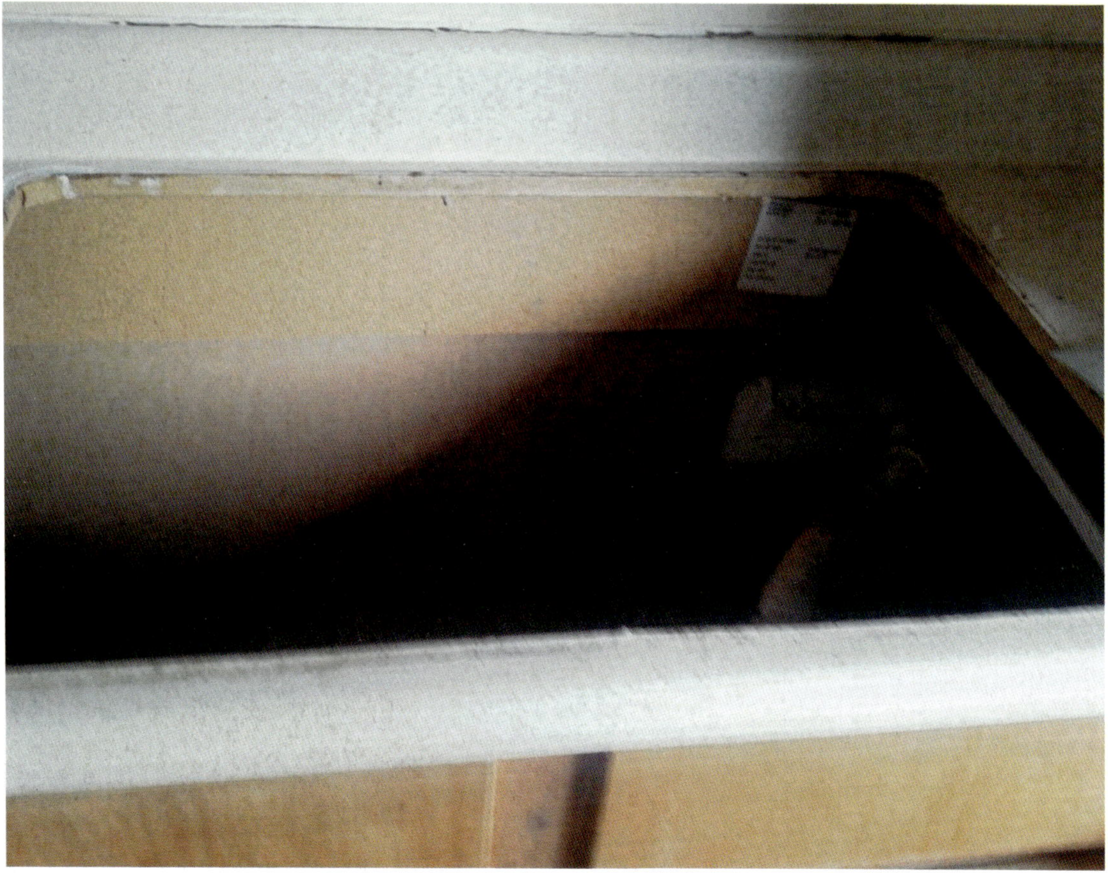

Trotz seiner vorzüglichen Beobachtungsgabe unterläuft dem Immobilienmakler hin und wieder ein Fehler. Hier zum Beispiel versuchte er, etwas zu fotografieren, das offenkundig gar nicht da ist.

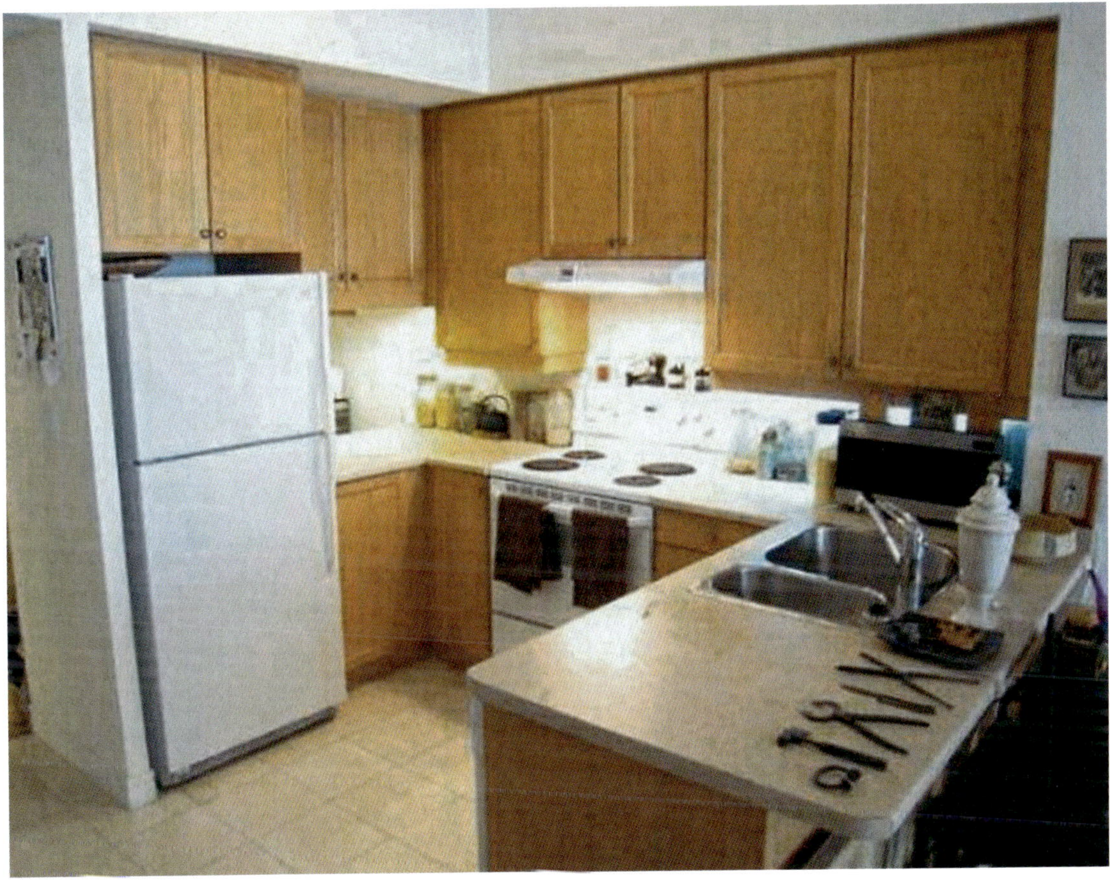

Ein Hobby-Chirurgenbesteck und eine Urne. In einer Küche. Nun gut.
Nur ein Zyniker würde hier einen Zusammenhang sehen wollen.

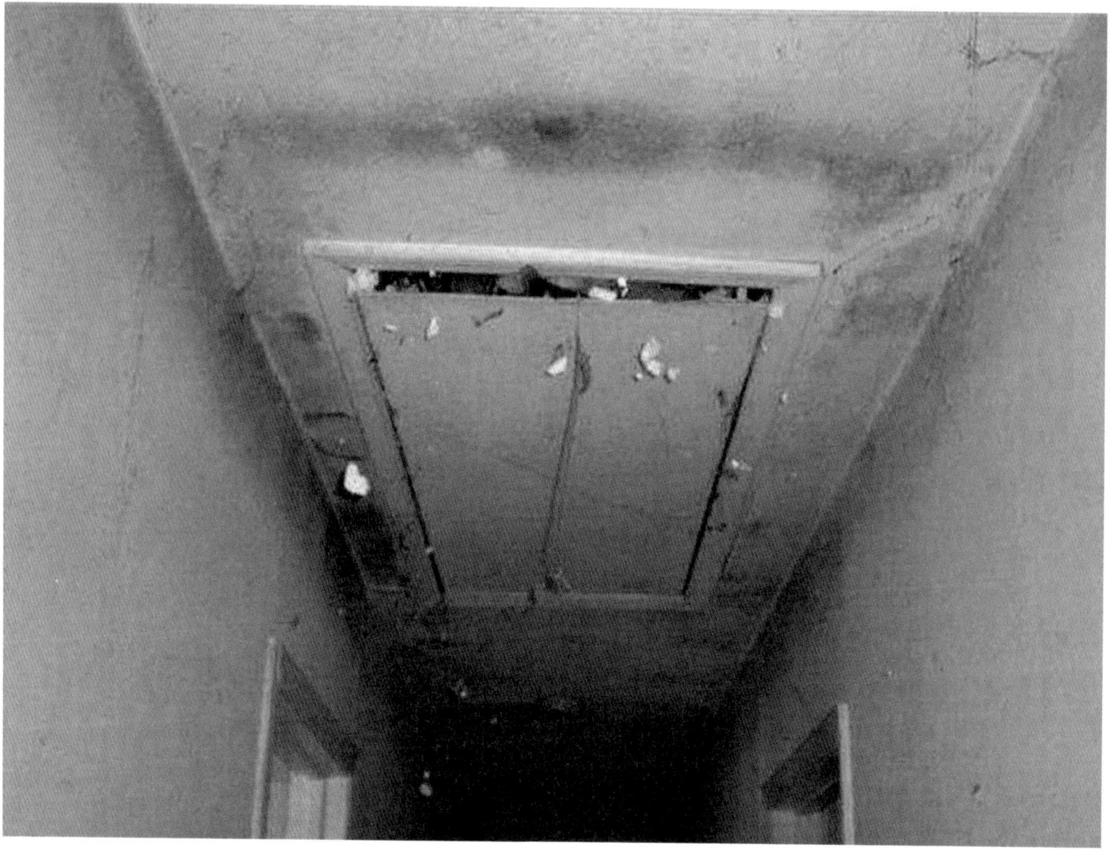

Sollte der Makler später beschlossen haben, die Dachluke zu öffnen, war der darauffolgende Moment bestimmt spektakulär.

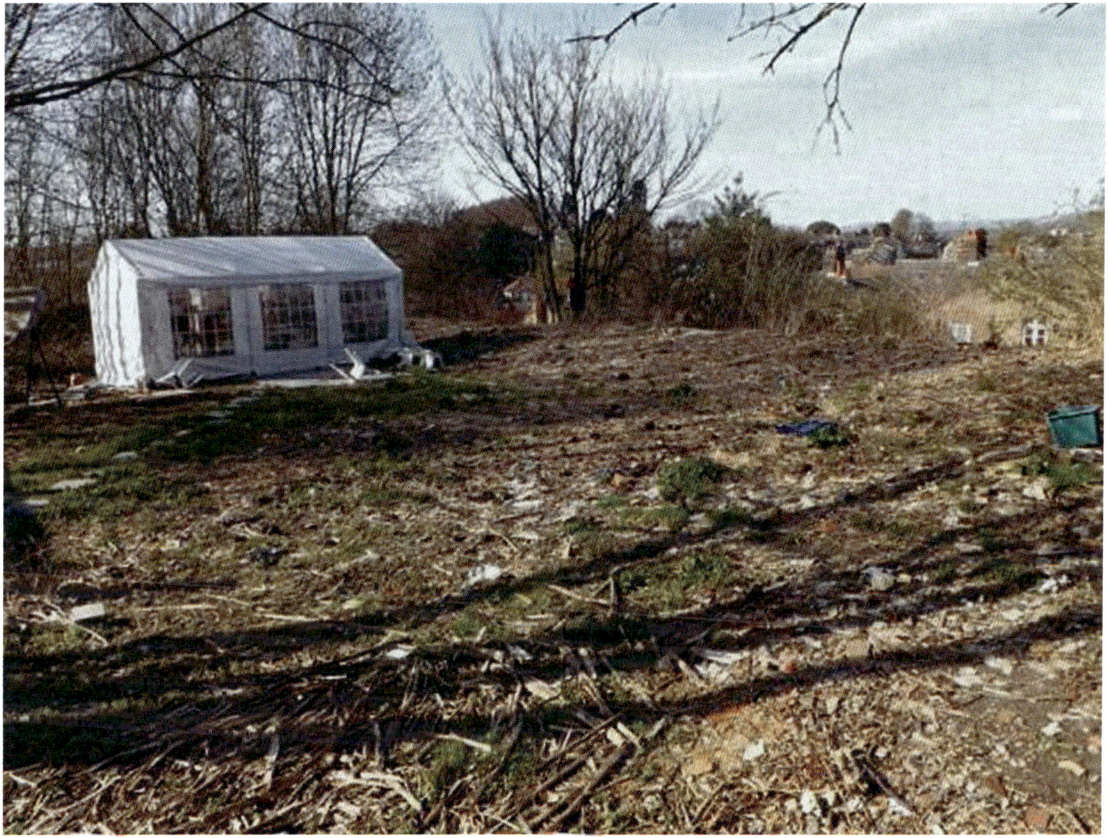

Wenn Sie beim Fototermin feststellen, dass das gesamte Objekt spurlos verschwunden ist, wird auch ein hastig errichteter Pavillon niemanden darüber hinwegtäuschen.

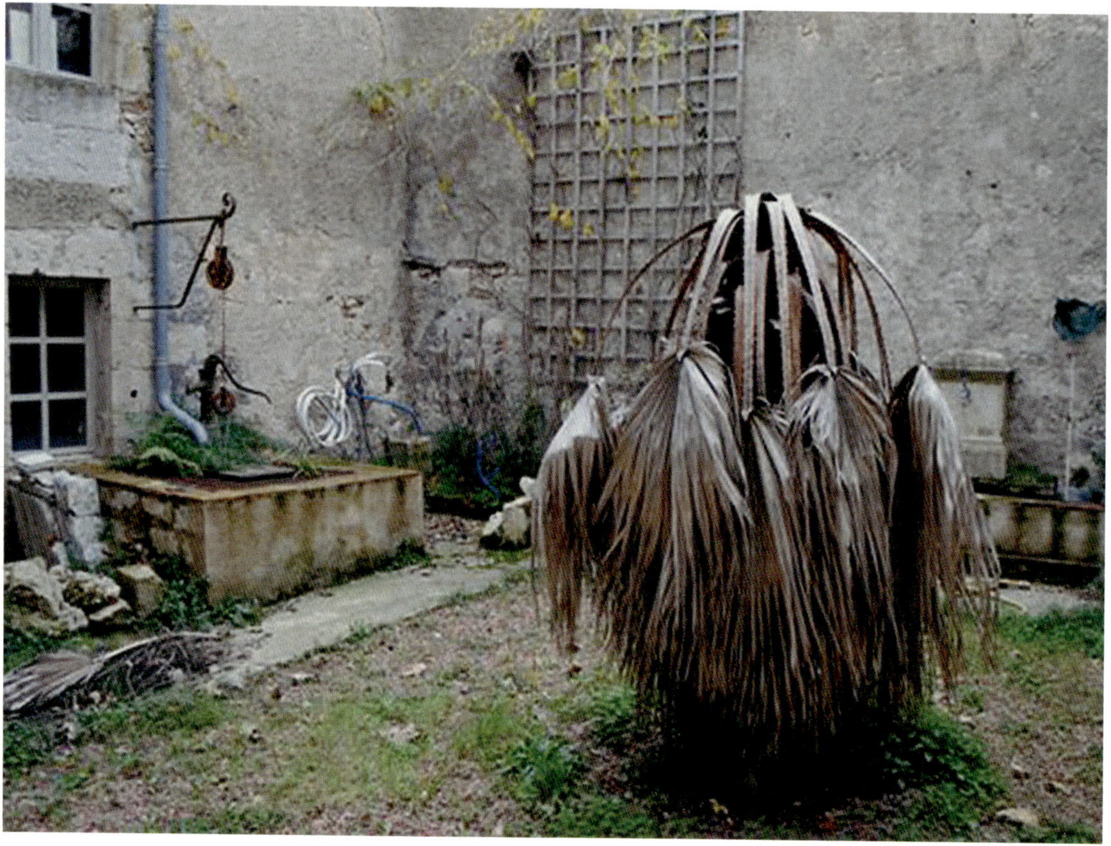

Dem Makler war sofort klar: Diese Gelegenheit würde nicht so schnell wiederkommen, deshalb schnell ein Foto des Monsterkostüms aus einer frühen Folge von *Raumpatrouille.*

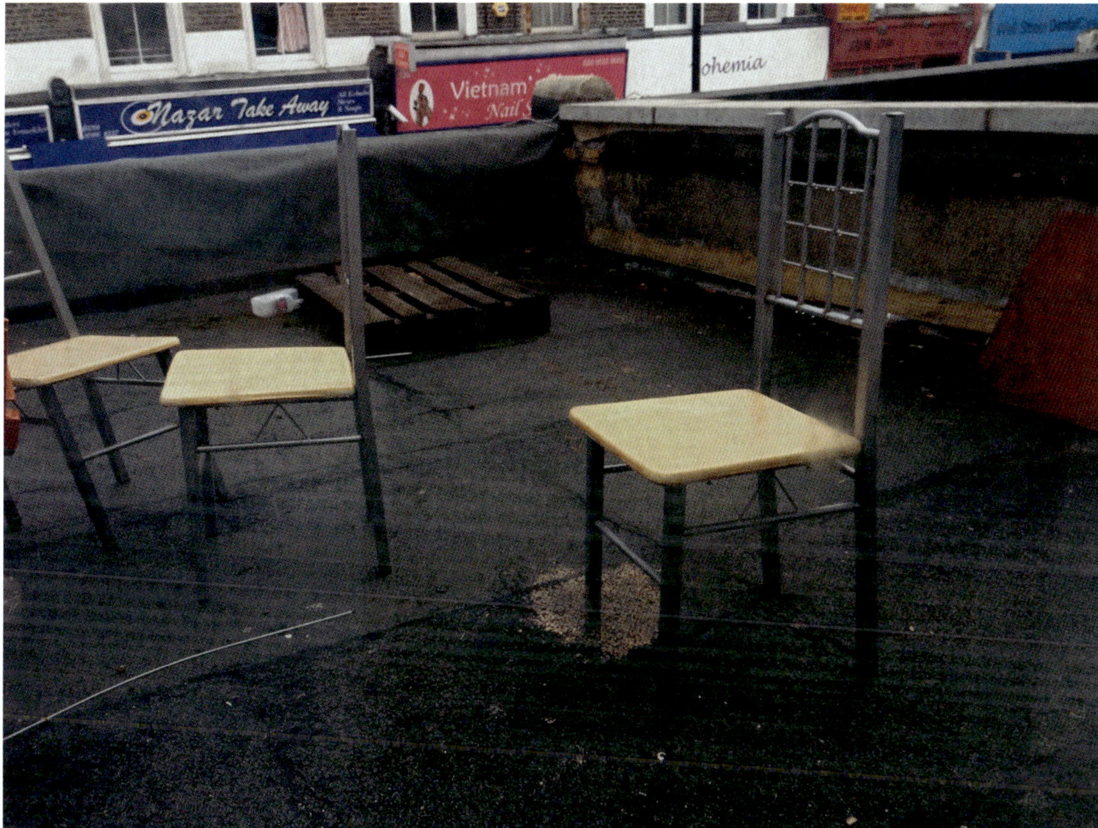

Der Regen, die Palette, der leere Milchkarton. Die Überbleibsel eines Abends, der gute Chancen hat als »Traurigste Terrassenparty aller Zeiten« in die Geschichte einzugehen.

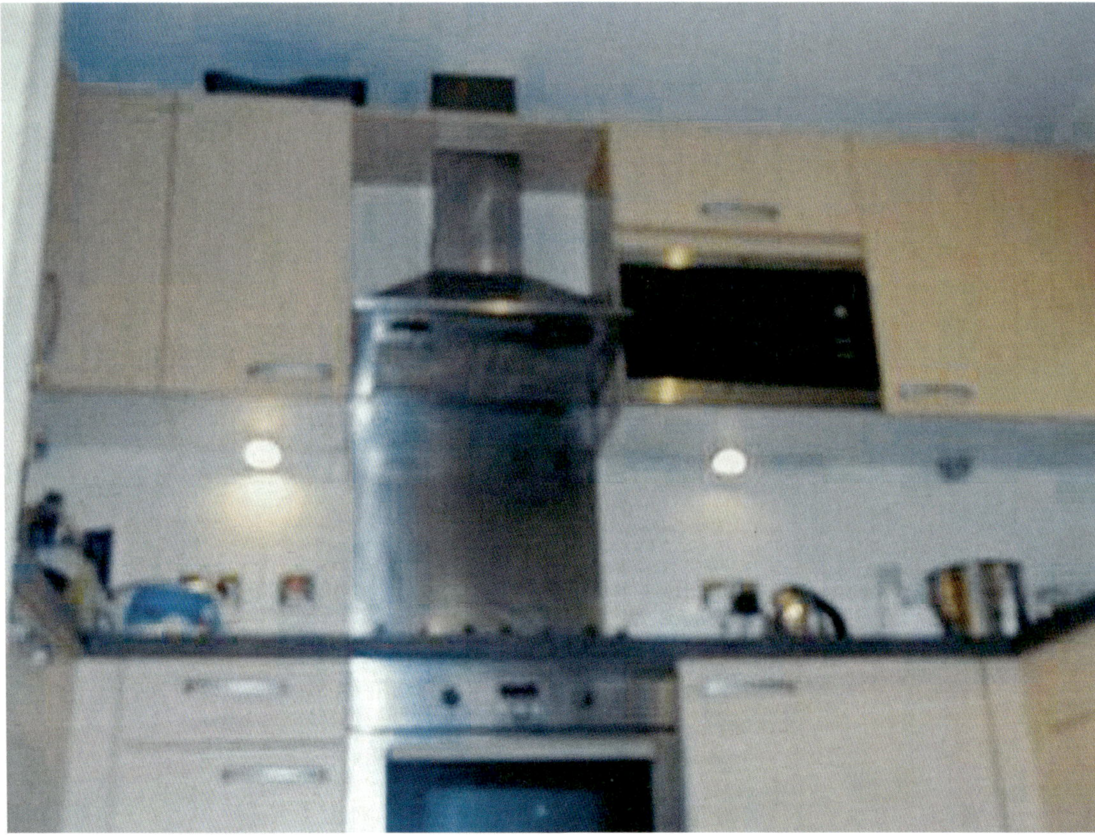

Dieses Objekt hält eine Einbauküche für Sie bereit, hier fotografiert von einem betrunkenen, auf dem Boden liegenden Mann.

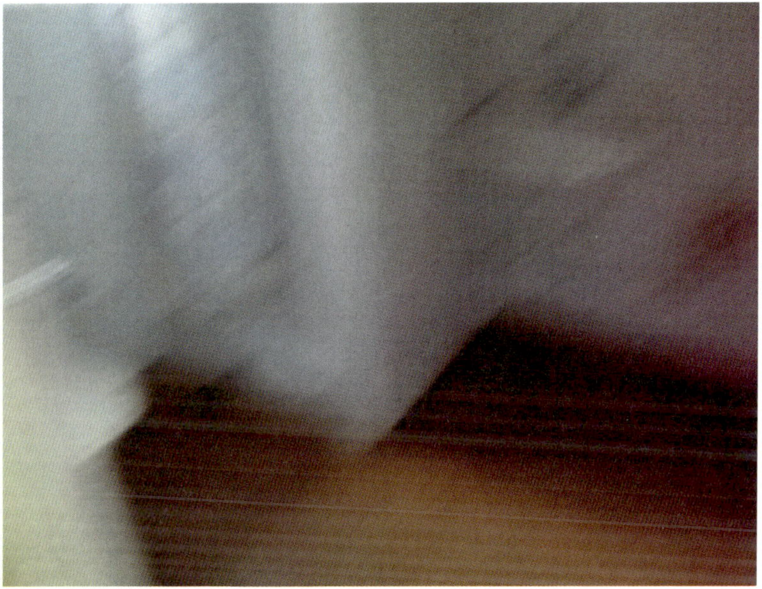

Selten genutzte Technik: Der Makler hängt sich an einen Hochgeschwindigkeits-Deckenventilator und versucht, das gesamte Zimmer in eine Aufnahme zu bekommen.

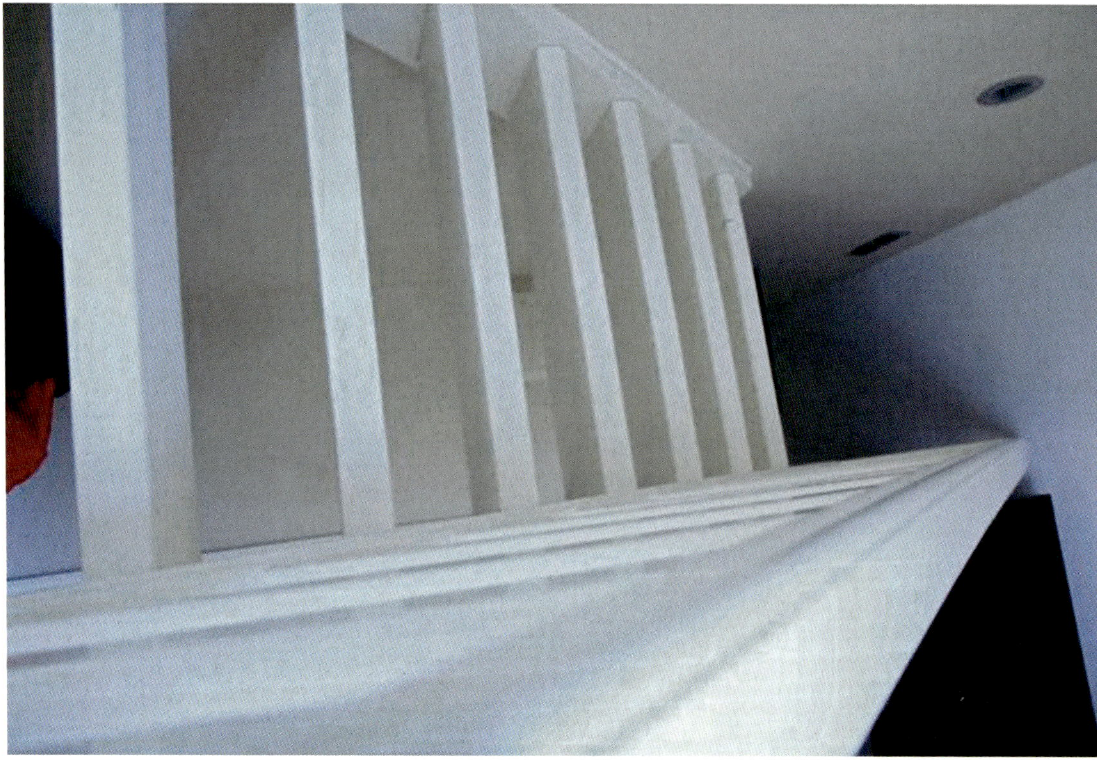

Die Blende macht »Klick«, und wir befinden uns in einer Welt, in der die Worte oben und unten keine Bedeutung haben, in der Höhe und Tiefe fremdartige Begrifflichkeiten sind, und in der die Menschen keinen Bock auf Besichtigungstermine haben.

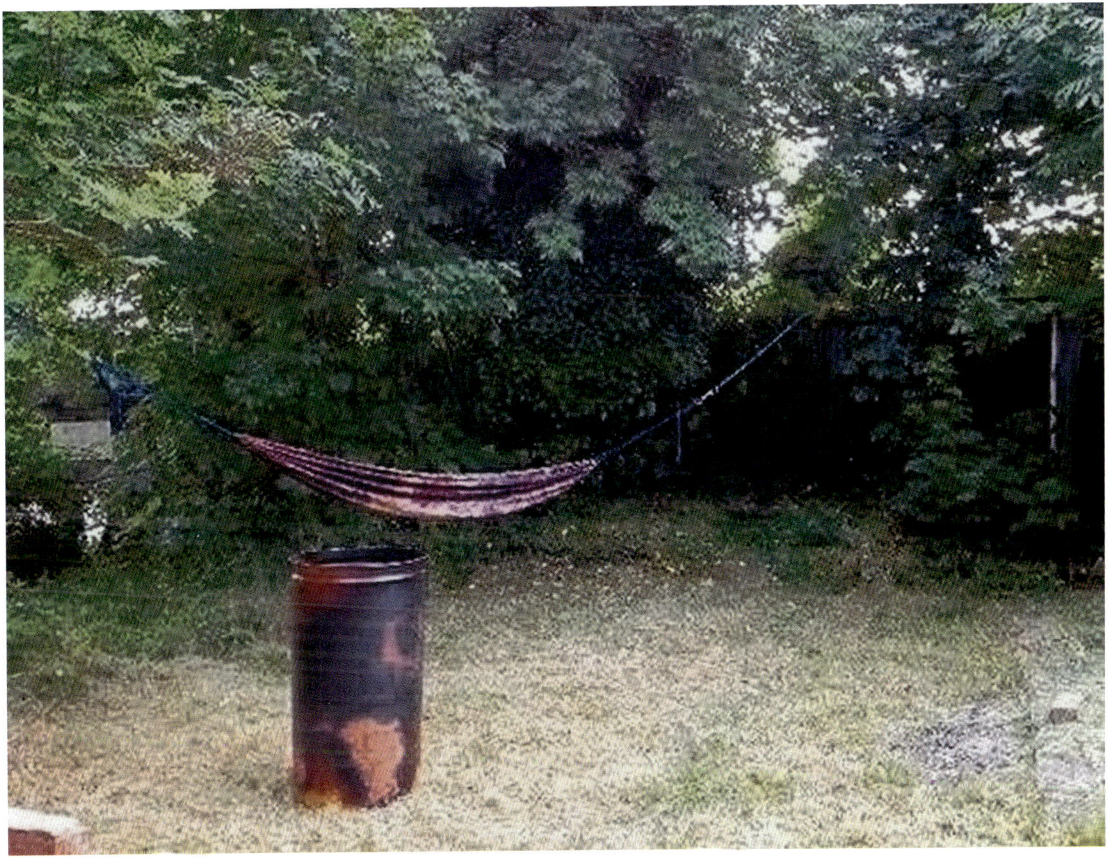

Eine rührende spielerische Nachstellung des alten australischen Volksmärchens »Die Hängematte und die Tonne«.

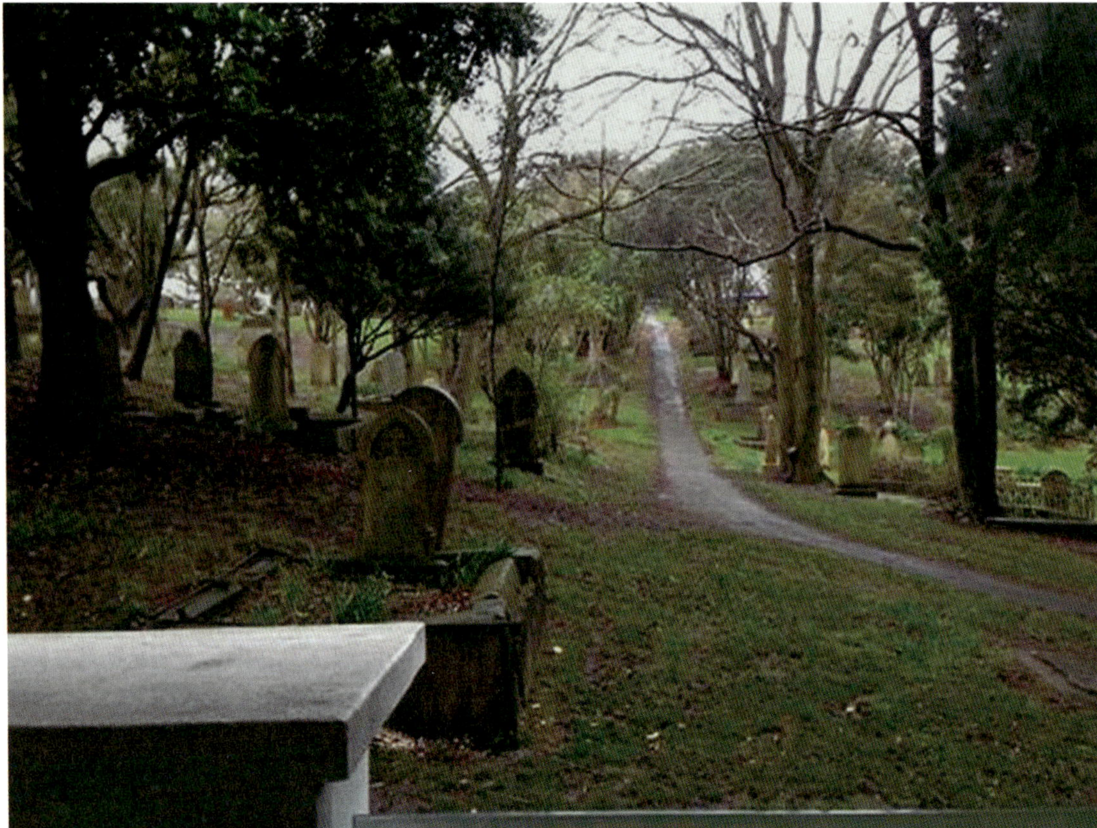

Dieses Objekt bietet einen umwerfenden Ausblick auf die herrliche Umgebung, welche dem Käufer vergnügliche Stunden des Nachdenkens über die eigene Sterblichkeit ermöglicht.

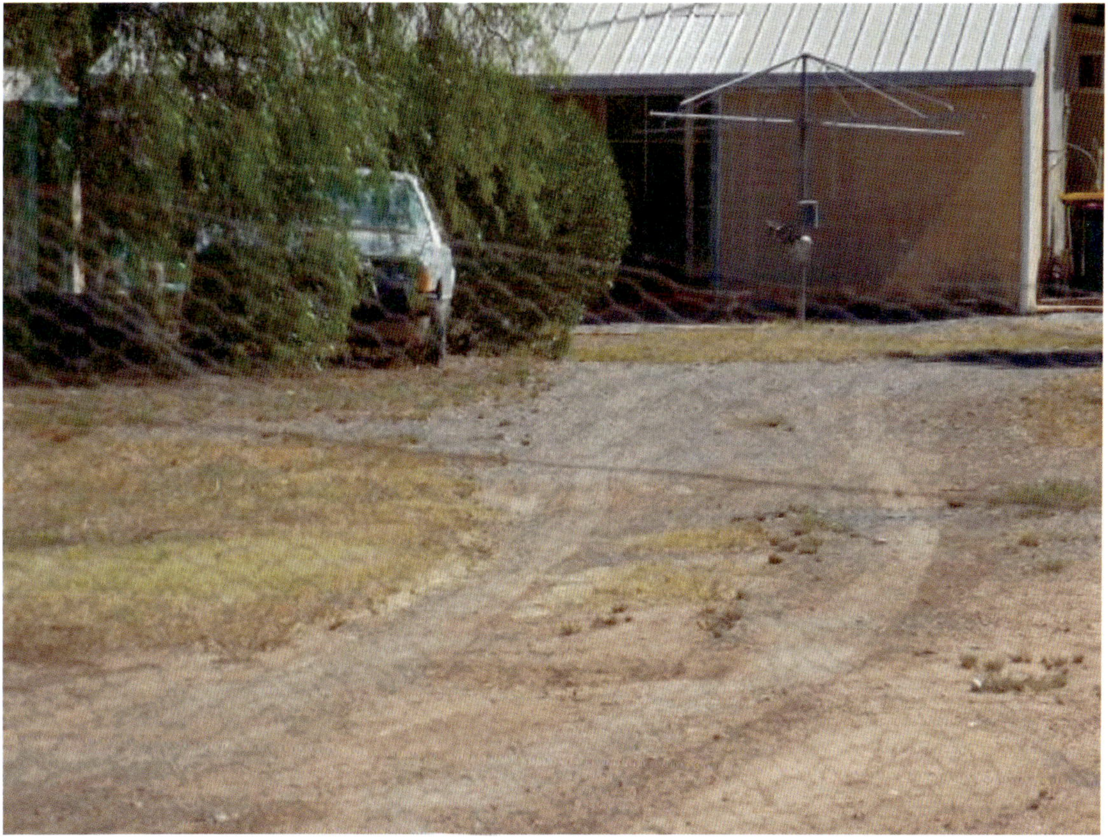

Hier hat der Makler mit der Konvention gebrochen und das Objekt im Stil einer amerikanischen Polizei-Serie festgehalten.

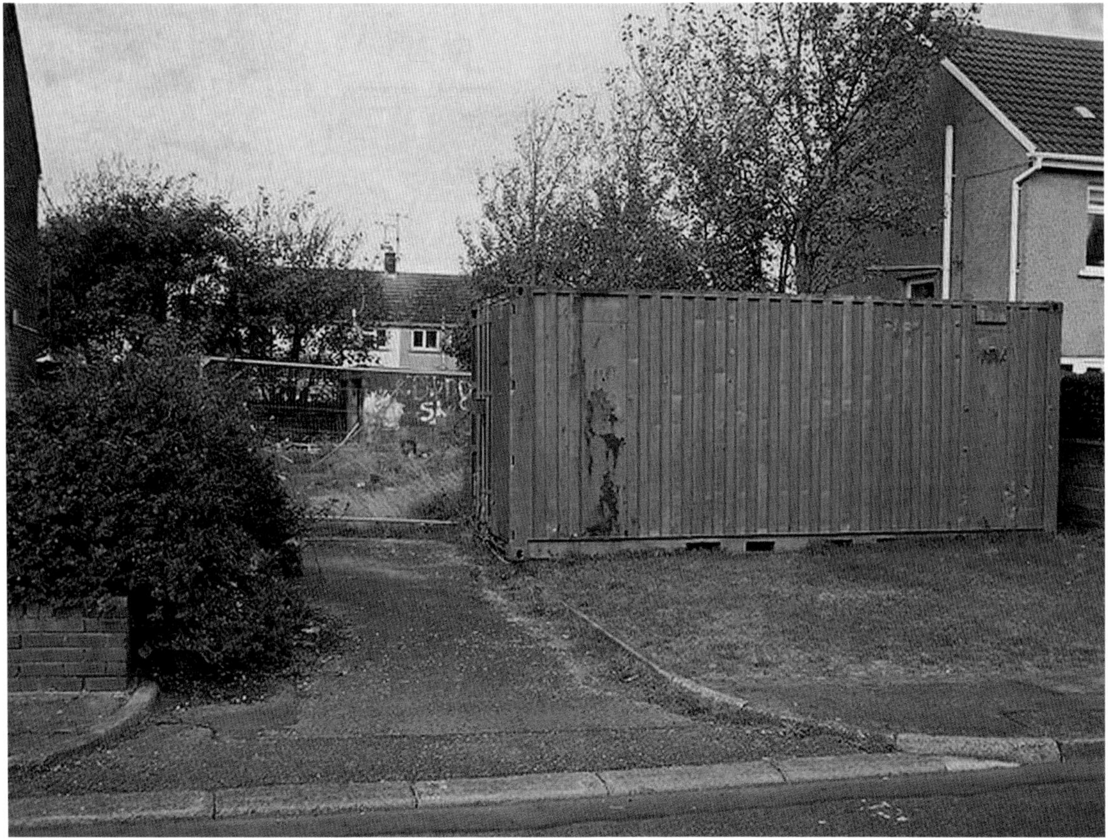

So attraktiv dieses Objekt auch sein mag, es besteht die reelle Gefahr,
dass Sie eingefangen und nach Belize verschifft werden.

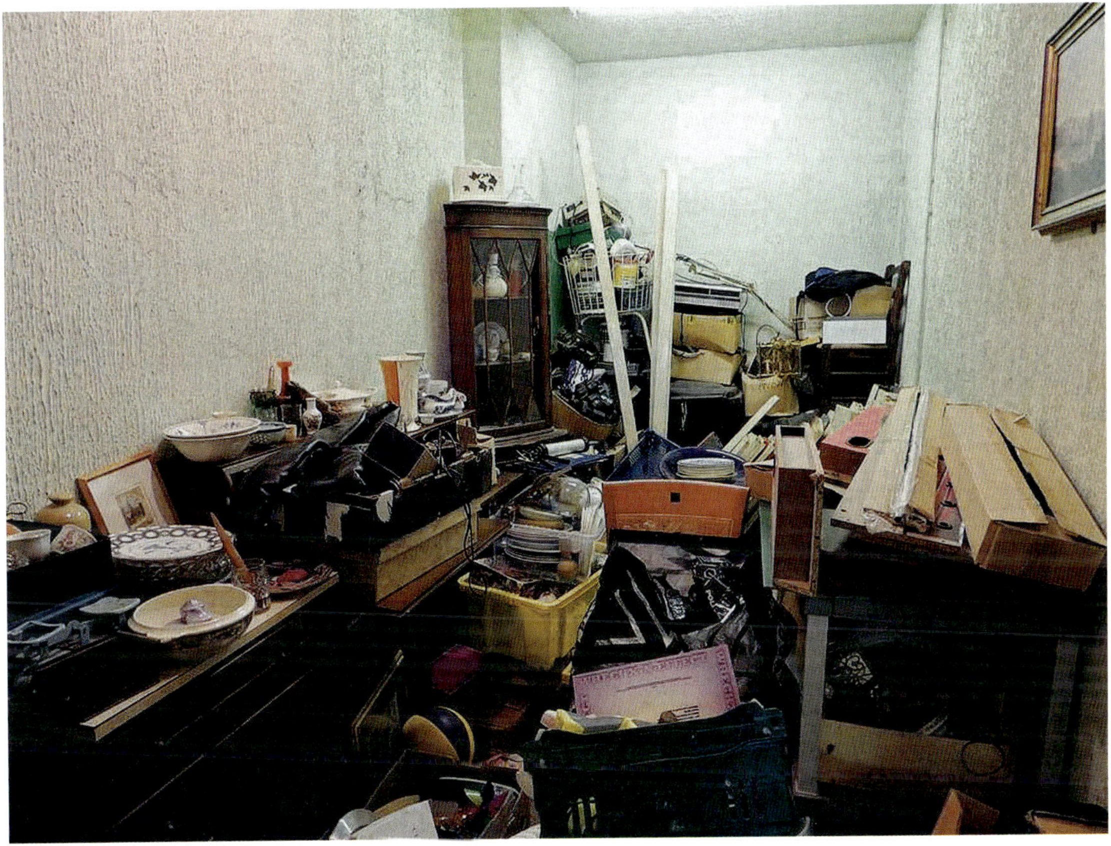

Die jetzigen Eigentümer planen gerade einen Flohmarktverkauf, der ihnen schätzungsweise 9 Euro einbringen wird.

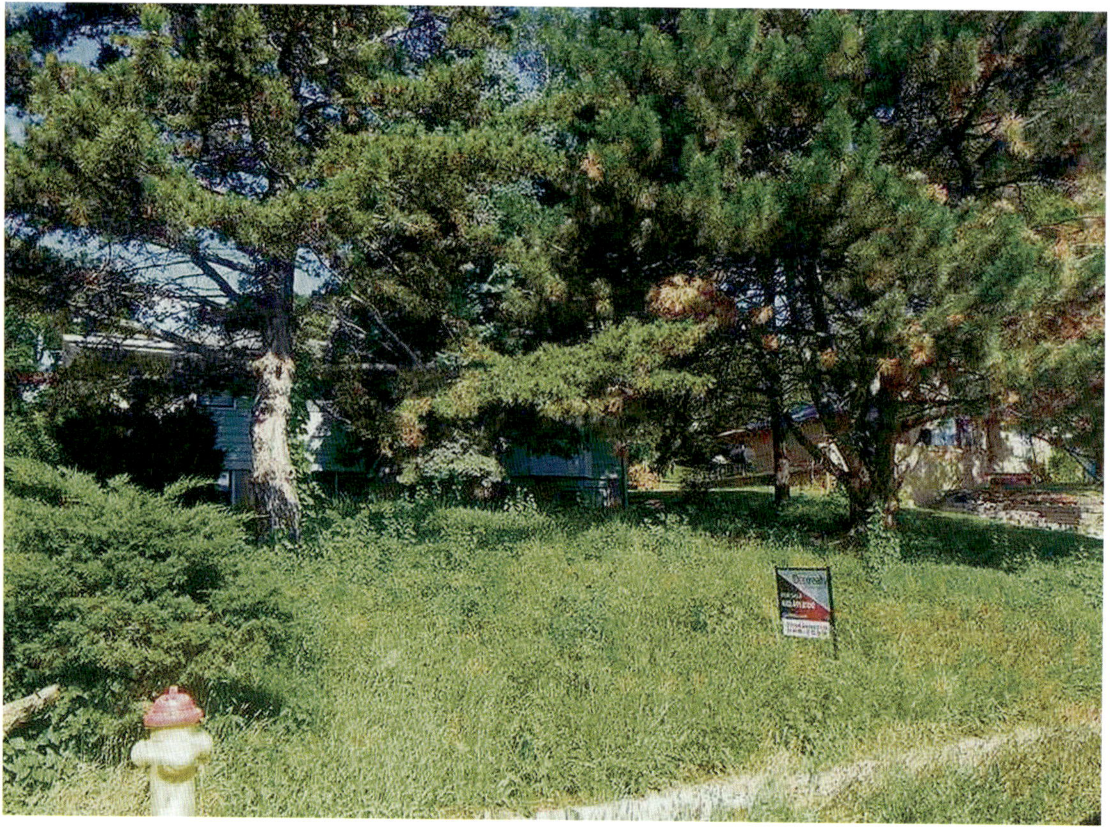

Das Schöne an Kiefern ist, dass sie immergrüne Gewächse sind (lat. sempervirens). Das bedeutet, dass diese Immobilie garantiert nie auch nur einen einzigen Sonnenstrahl abbekommen wird.

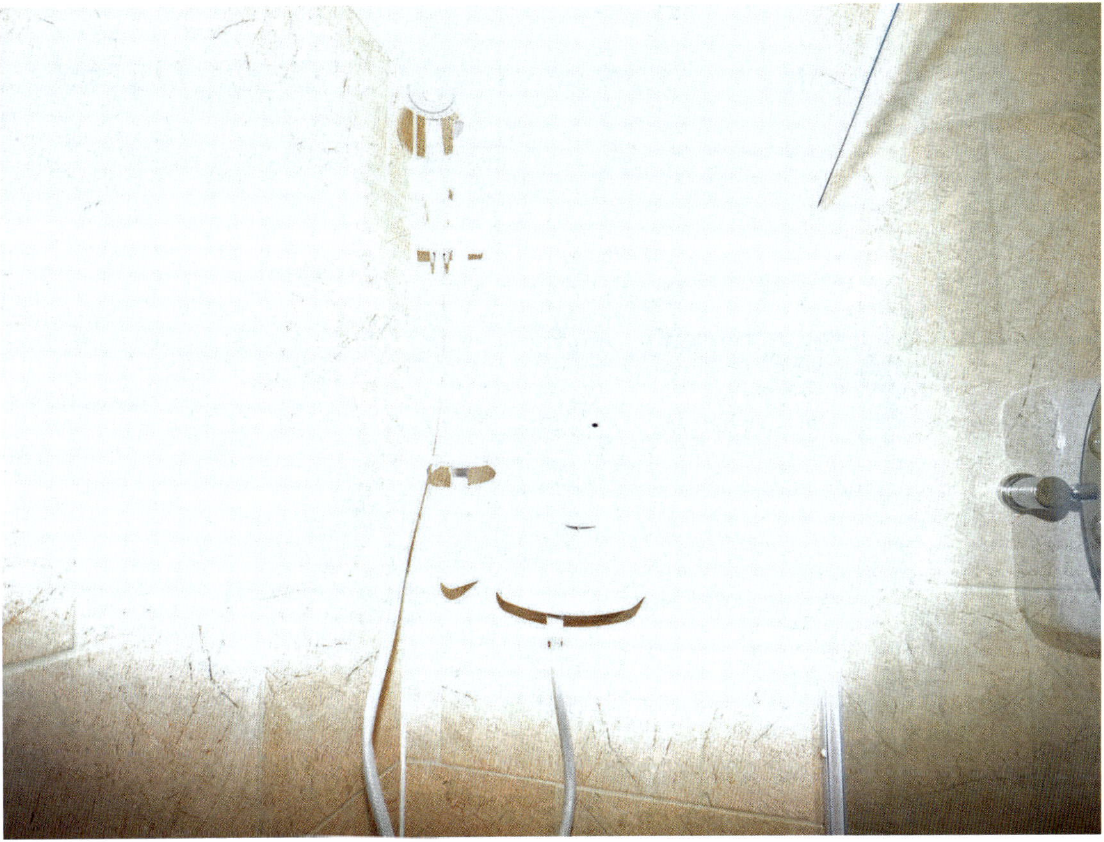

Die Dusche ward von solch überirdischer Schönheit, dass all jene, die ihrer ansichtig wurden, geblendet wurden und fortan ziellos umherirrten.

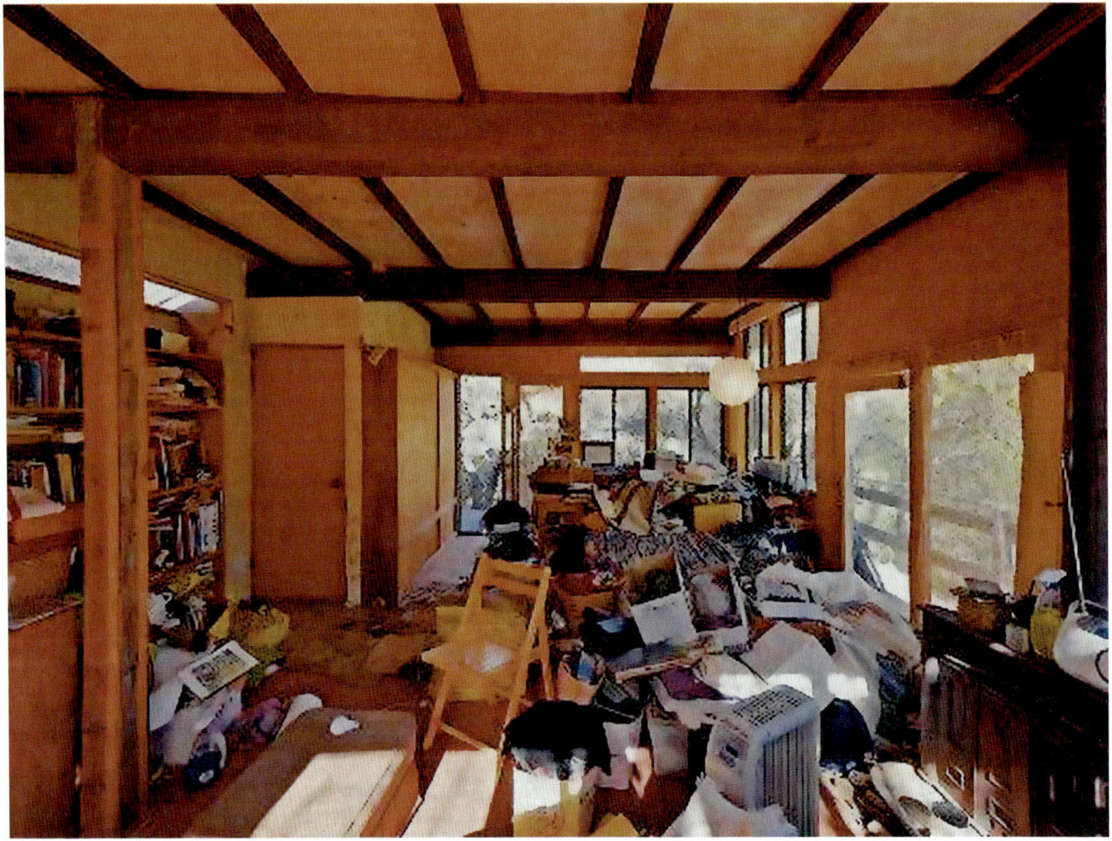

In Zeiten von Wirtschaftskrisen und Umweltkatastrophen türmen viele Hausbesitzer tonnenweise unnötigen Schrott auf, bis sich die Lage wieder beruhigt und der ganze Kram in Ein-Euro-Läden erhältlich ist.

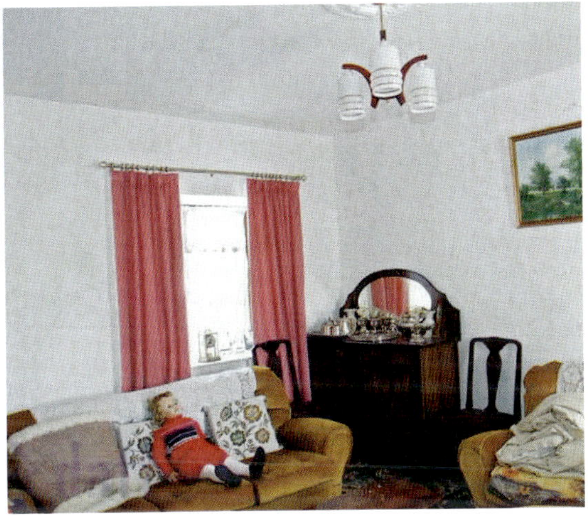

Um unerwünschte Interessenten abzuwenden, kann es erforderlich sein, die Käufer mittels furchteinflößender Kinderspielzeuge zu erschrecken.

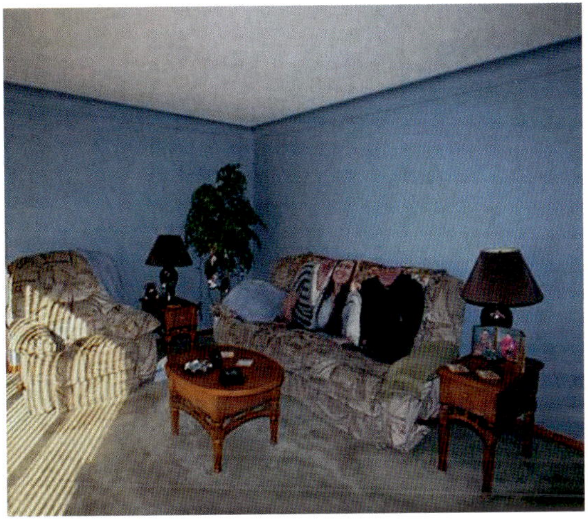

Normalerweise sollte man die Leute bitten, aus dem Bild ... Moment mal ...

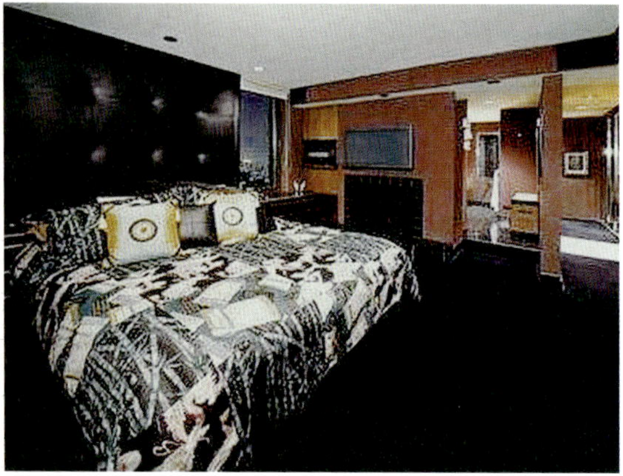

Wie die Augen der Mona Lisa, so folgen auch die Kissen dieses Betts dem Beschauer durch das Zimmer.

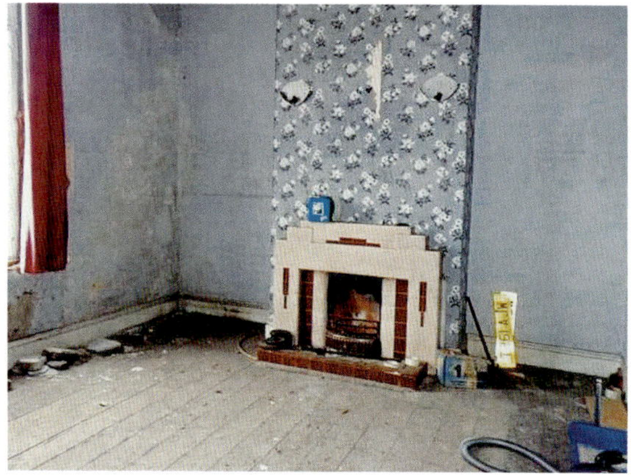

Wir haben vollstes Verständnis für den Ausdruck von Verwirrtheit und Entsetzen im Gesicht des Kamins.

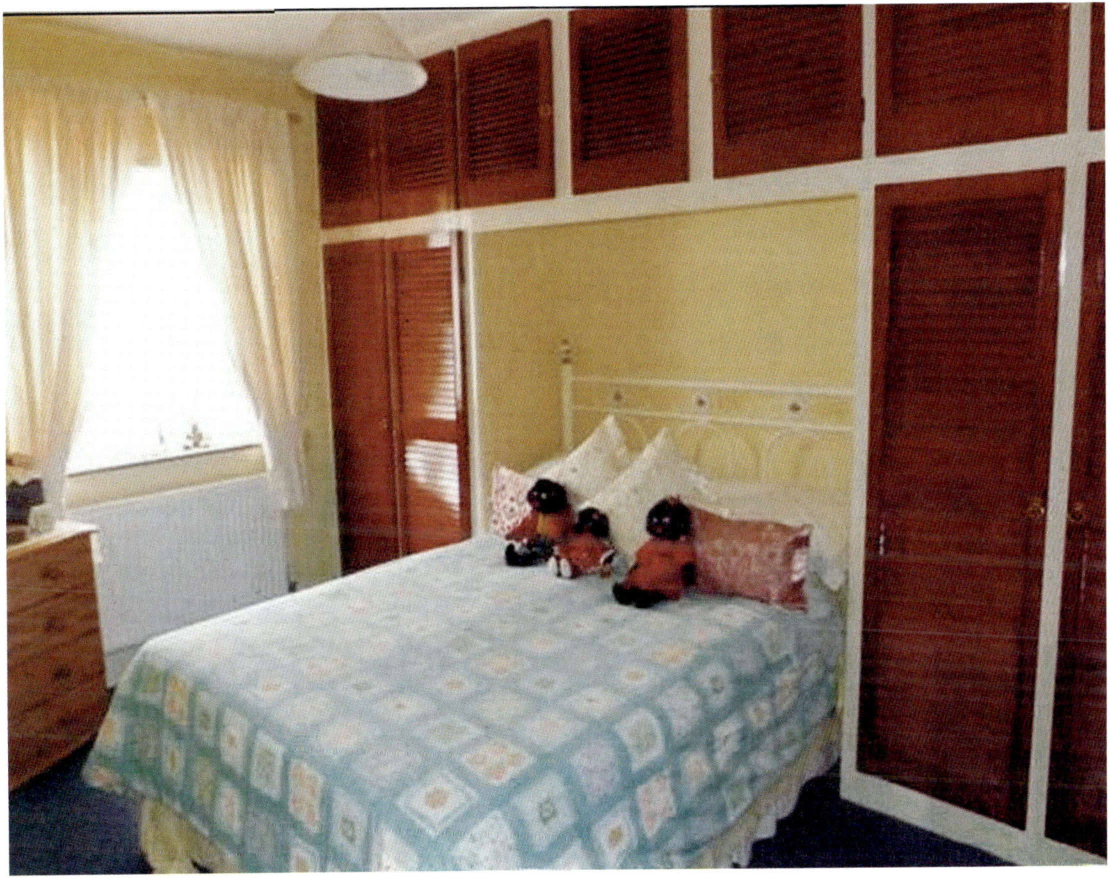

Ja, aber die Einbauschränke sind die ausländerfreundlichsten, die wir je gesehen haben.

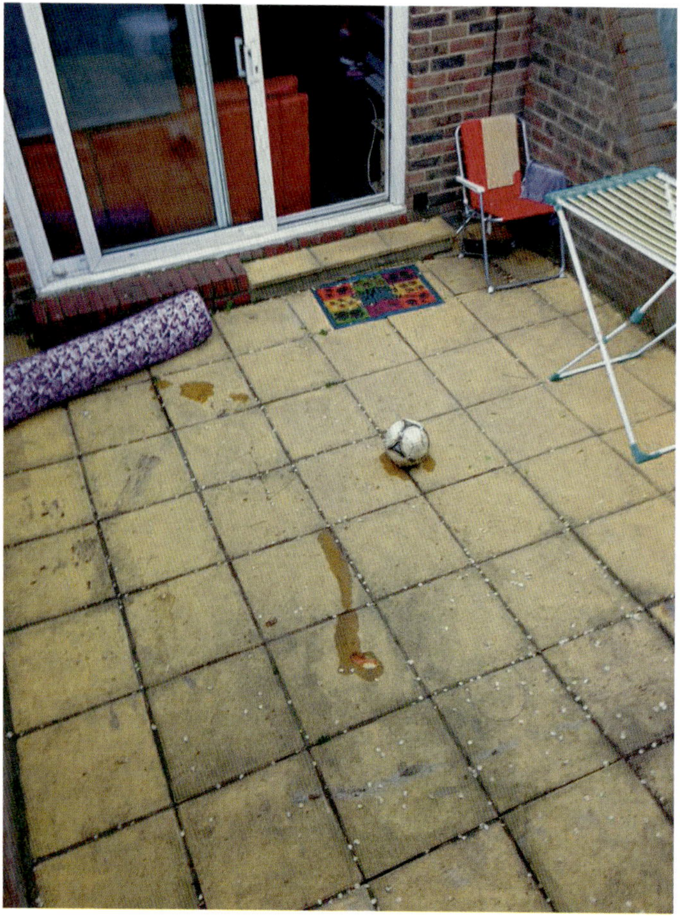

Diese Fotografie war unlängst Teil einer Ausstellung mit dem Titel »Das Elend der Kindheit«.

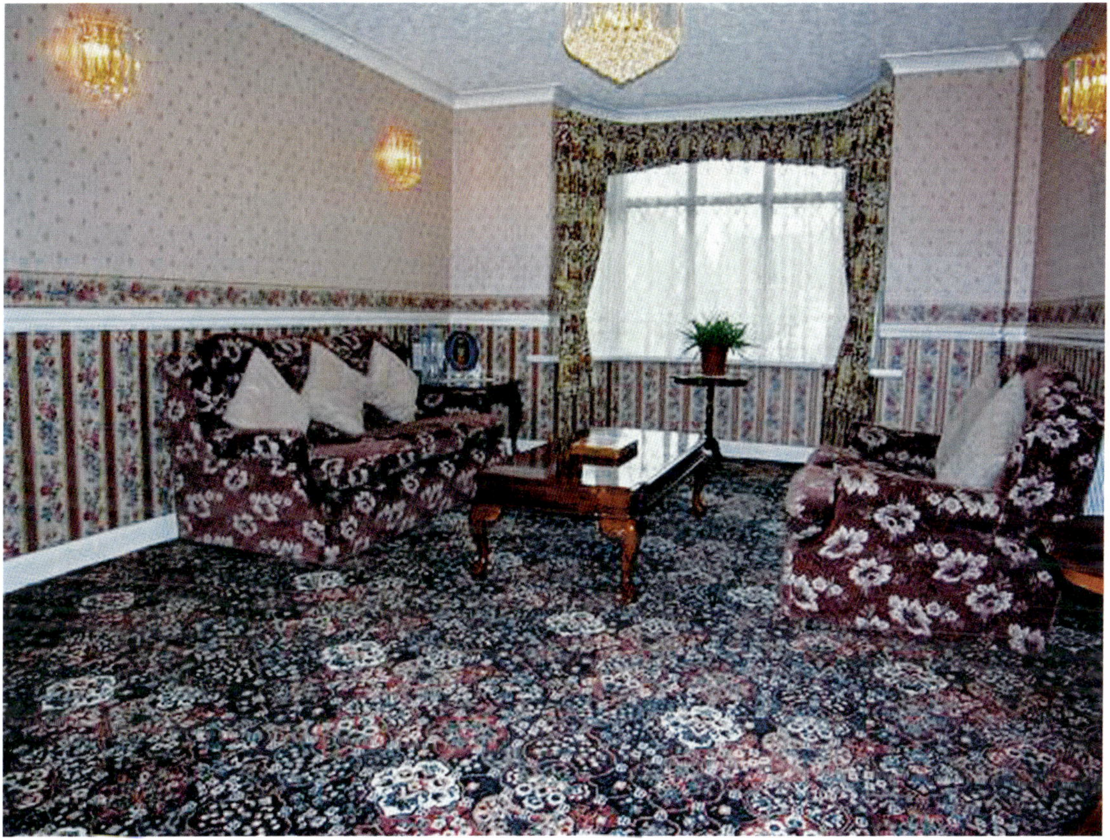

Die Eigentümer gehen davon aus, dass der Teppich bis Ende des Jahres mindestens ein weiteres Sofa sowie möglicherweise ein bis zwei neue Vorhänge produzieren wird.

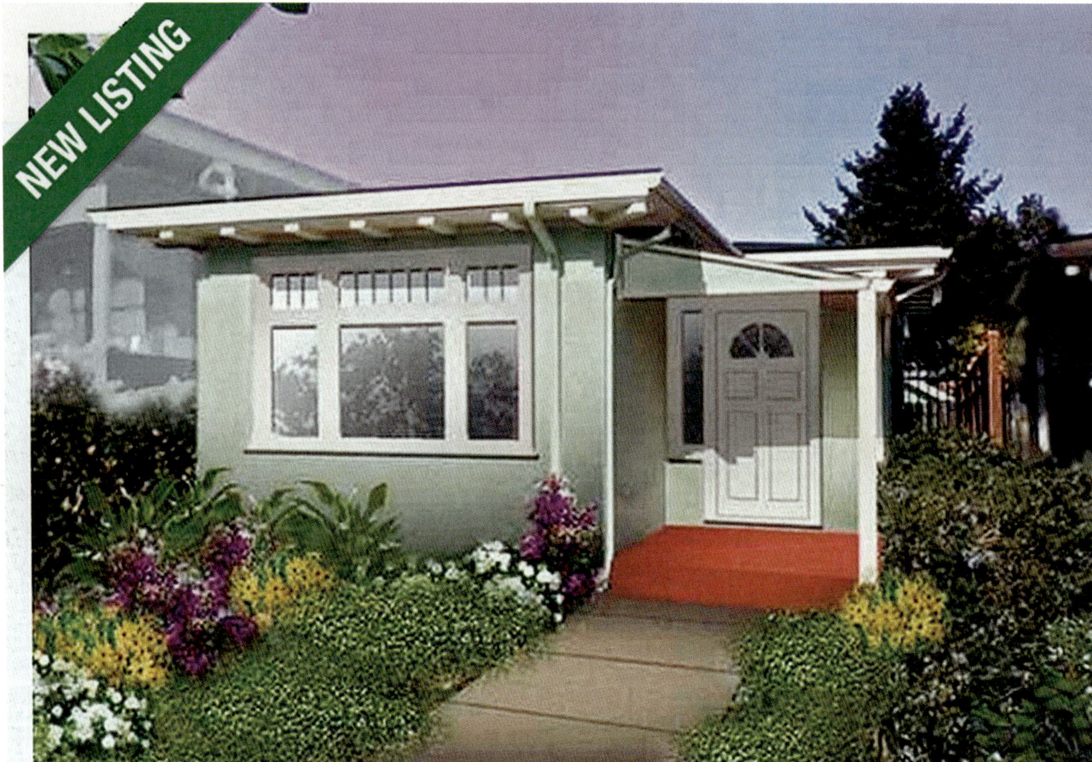

So neu, dass es gar nicht existiert.

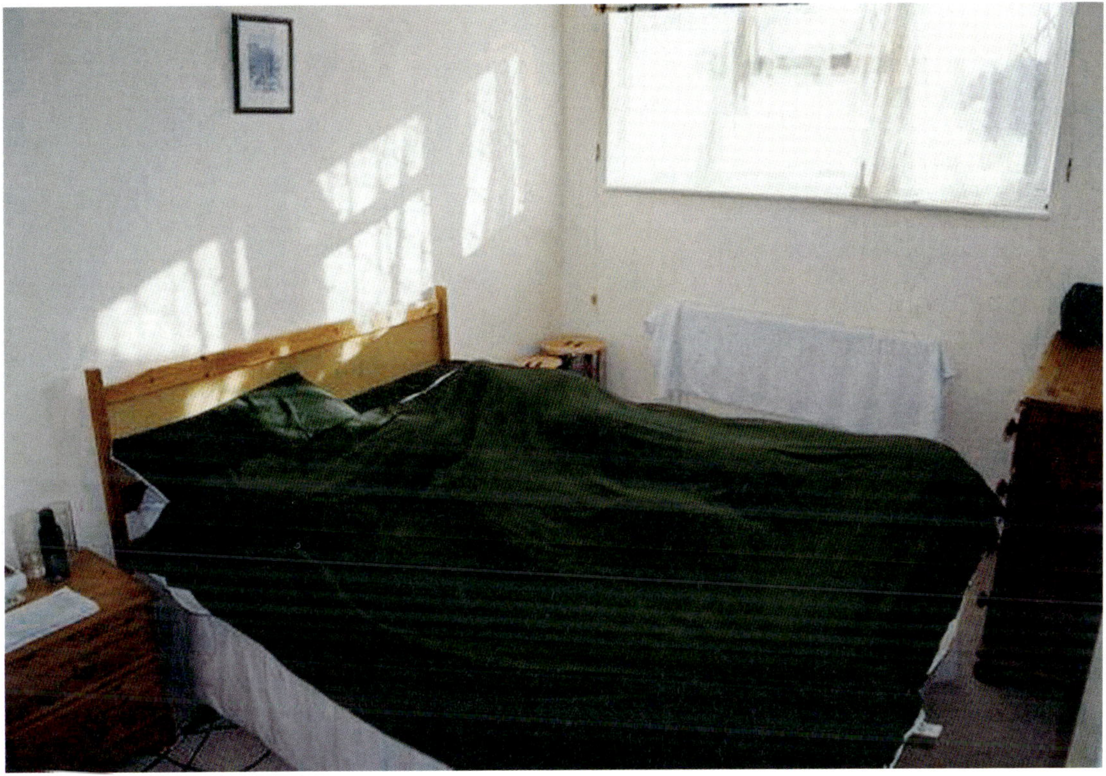

Es ist keineswegs zwingend erforderlich, könnte jedoch von Vorteil sein: Das Aufräumen, nachdem die Großeltern beschlossen haben, ihr Leben gemeinsam zu beenden.

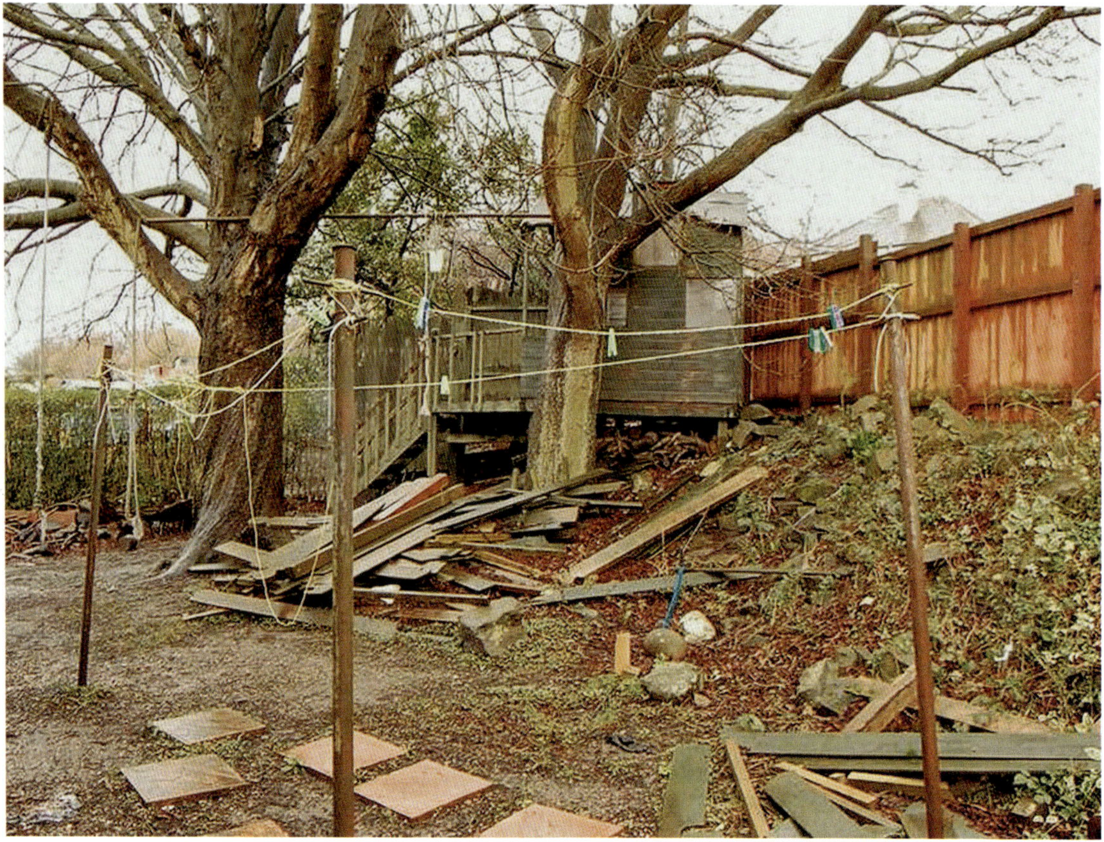

Das passiert, wenn man eine Gartenlaube aus 300 Meter Entfernung in Position katapultieren möchte.

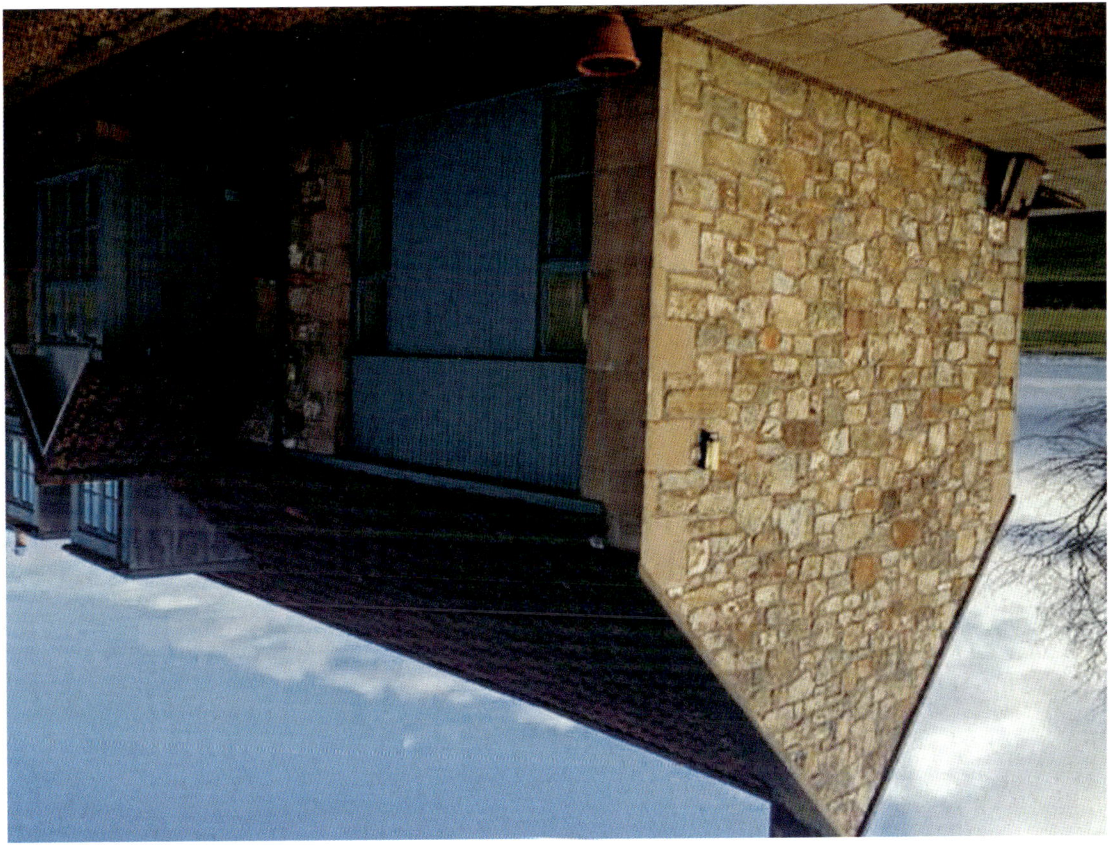

Selbst dem ungeschulten Auge wird dieses Arrangement nicht sonderlich praktisch erscheinen.

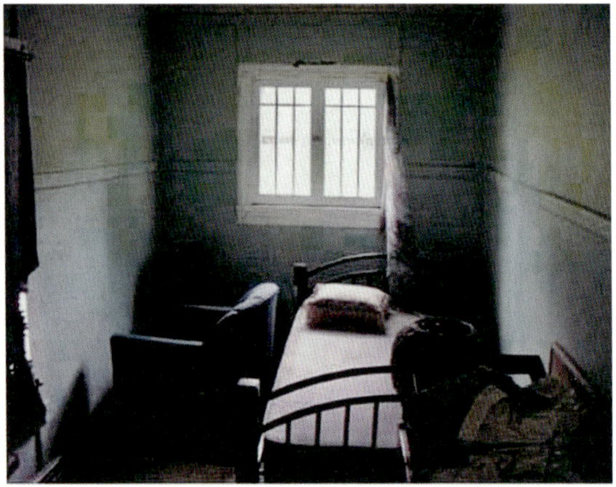

Kein Zimmer ist zu klein, um nicht aus nächster Distanz die Wand anzustarren.

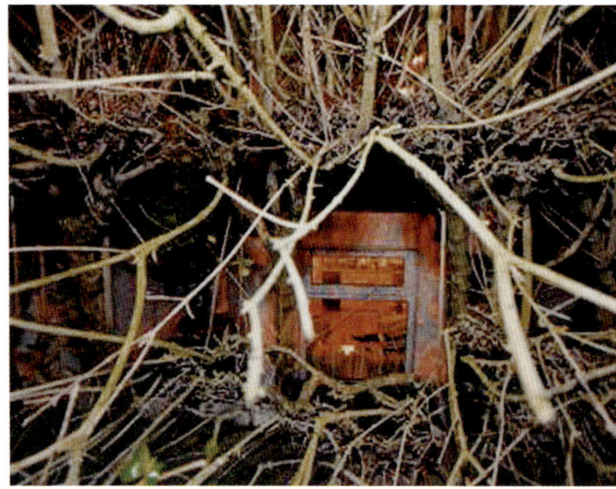

Von hier aus werden Sie von Eindringlingen beim Abwasch beobachtet.

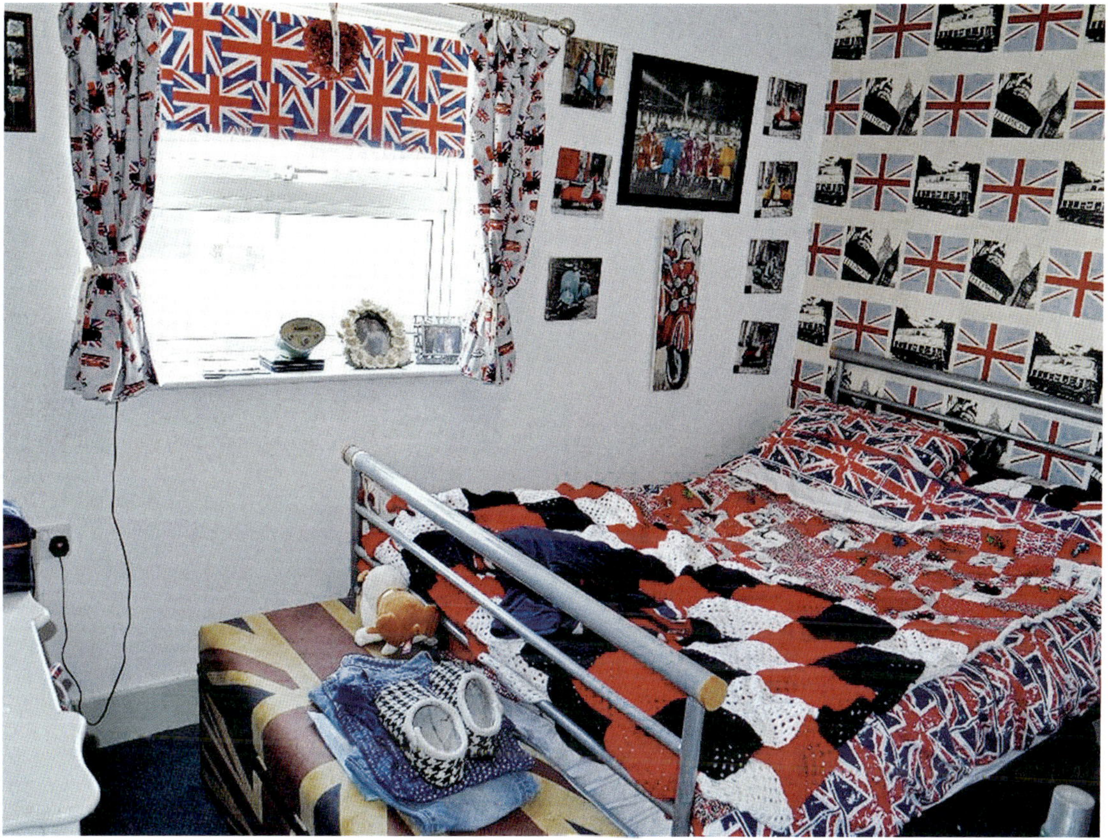

Auf dem internationalen Markt führen kapriziöse Inneneinrichtungen häufig in die Irre, was ihre geografische Verortung angeht – so wie bei diesem Haus in Berlin.

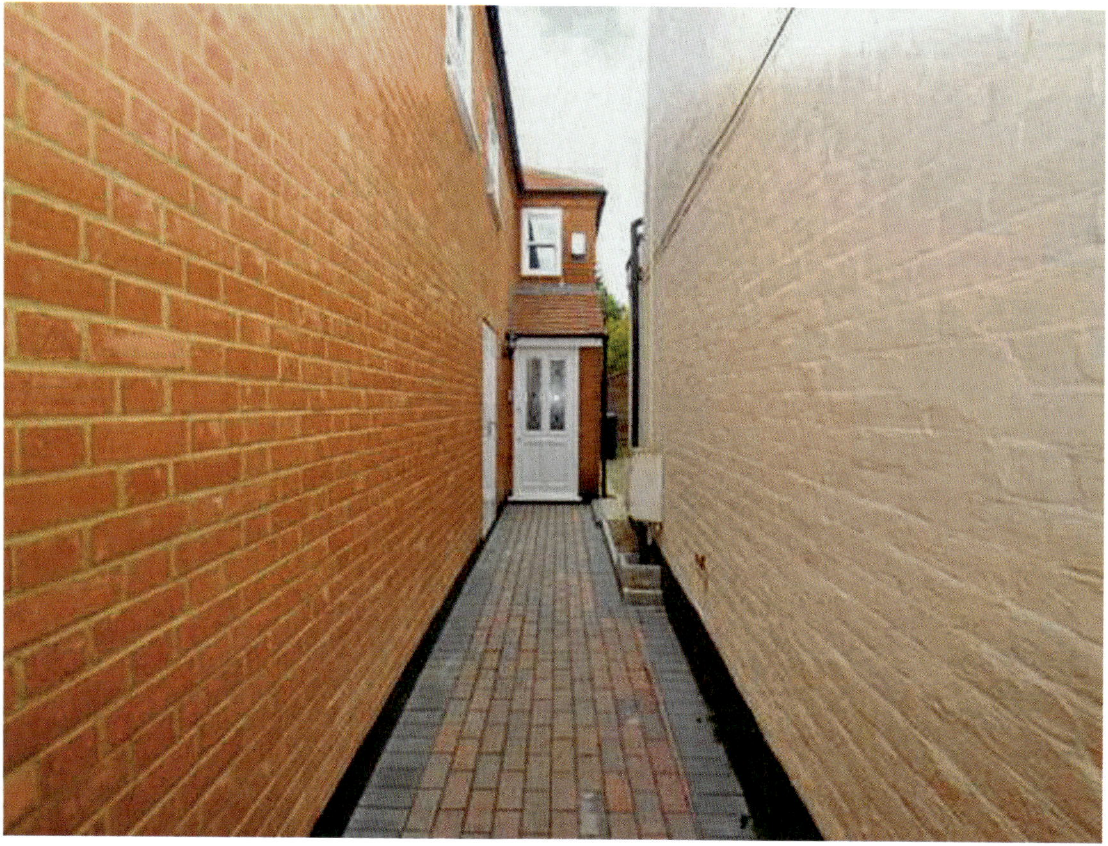

Seltenes architektonisches Merkmal – eine Tür, die weiter entfernt liegt als der Fluchtpunkt der Gasse.

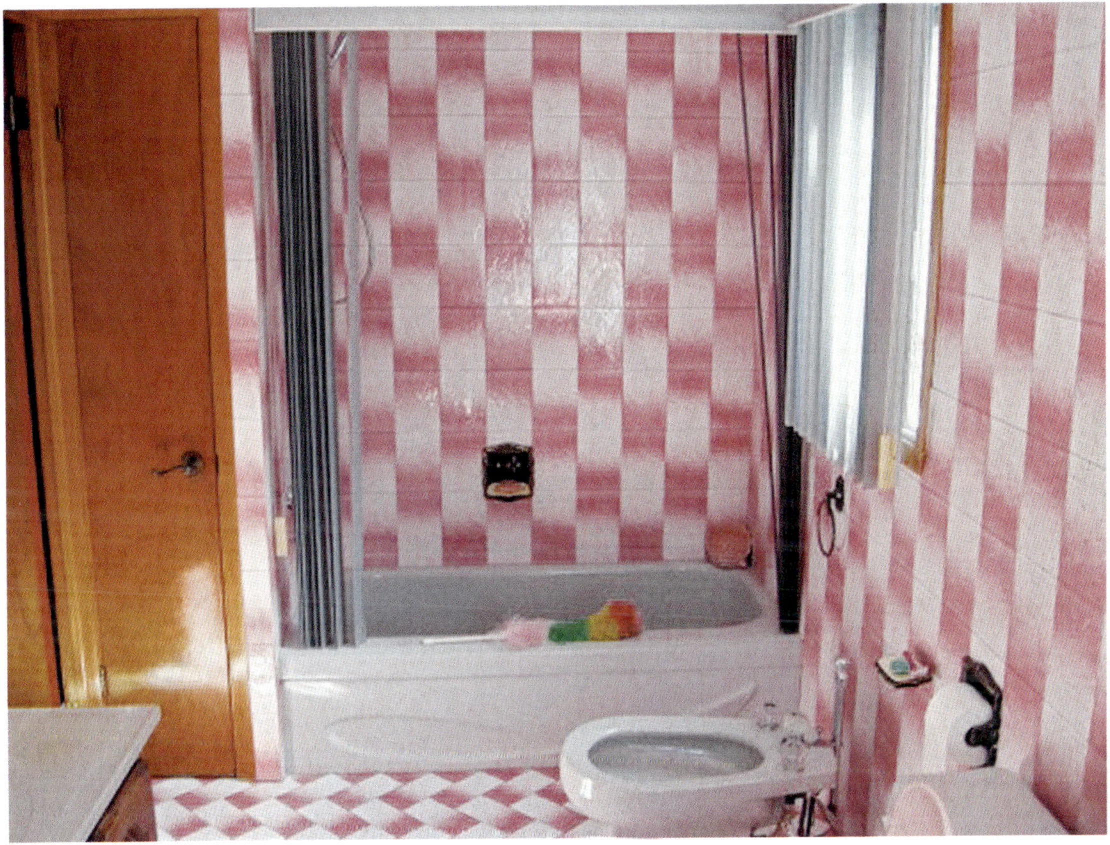

Es heißt, es gibt 25 Dinge, die einen potentiellen Käufer von einem Hauskauf abbringen. Sie alle sind in diesem Bad versammelt.

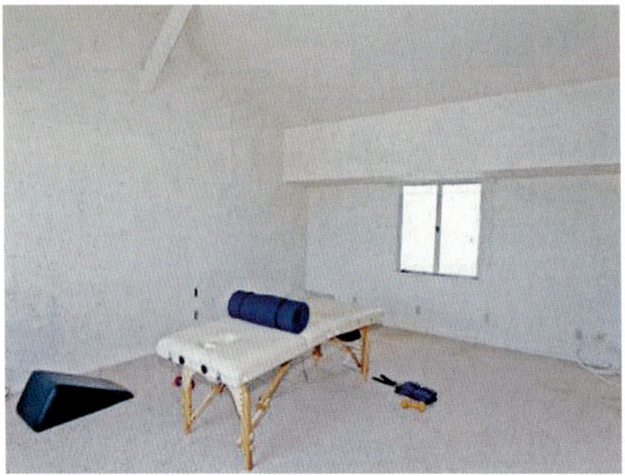

Gehen wir anstandshalber davon aus, dass dieses Zimmer ausschließlich für therapeutische Massagen verwendet wurde. Sollen wir weiter?

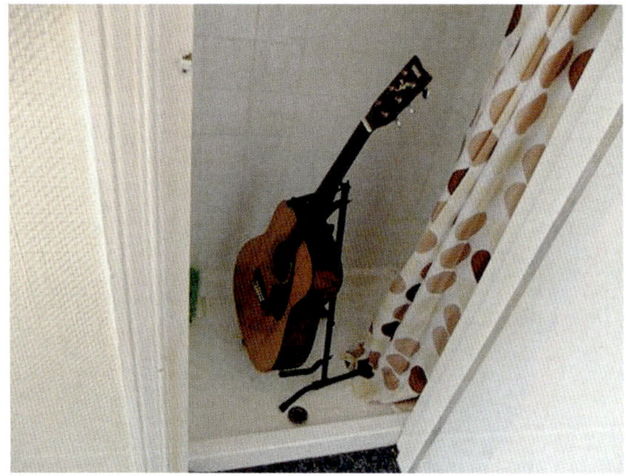

Diese Immobilie wartet mit großzügigem Stauraum auf. Sofern Sie sich auf wasserfeste Objekte beschränken.

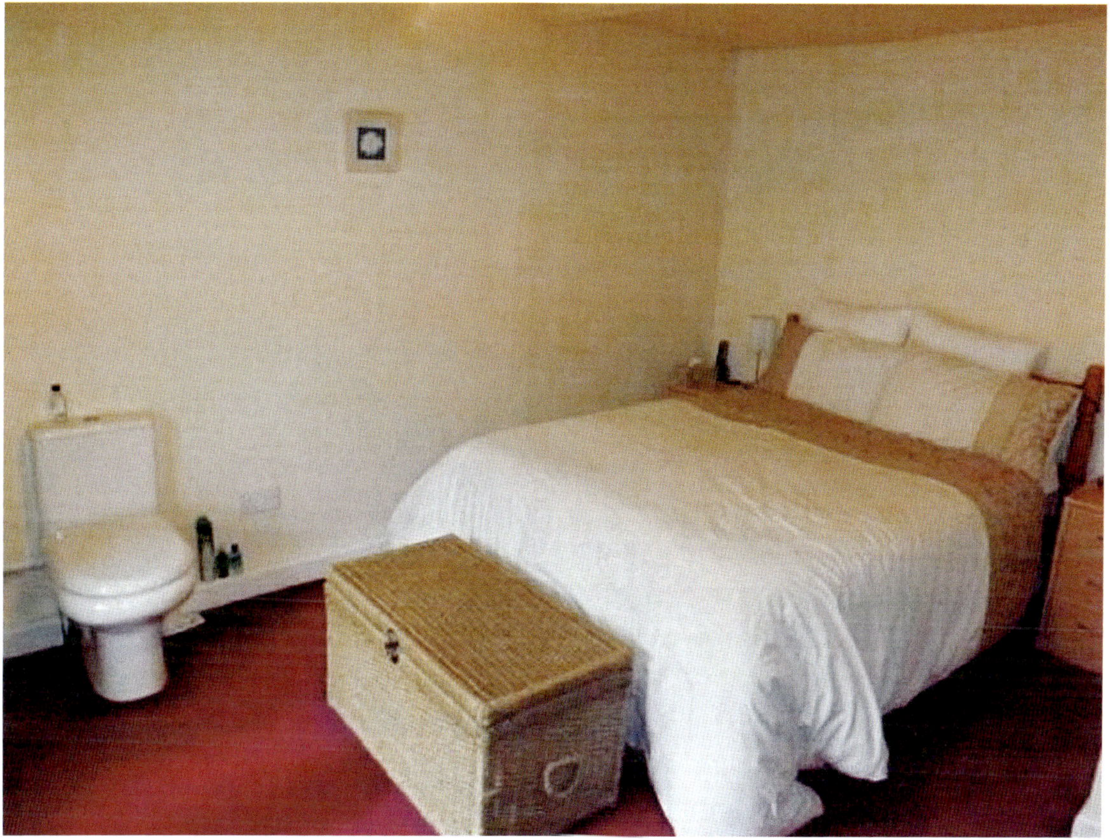

Wenn Sie nachts aufstehen, passen Sie auf, dass Sie nicht versehentlich den Weidenkorb benutzen.

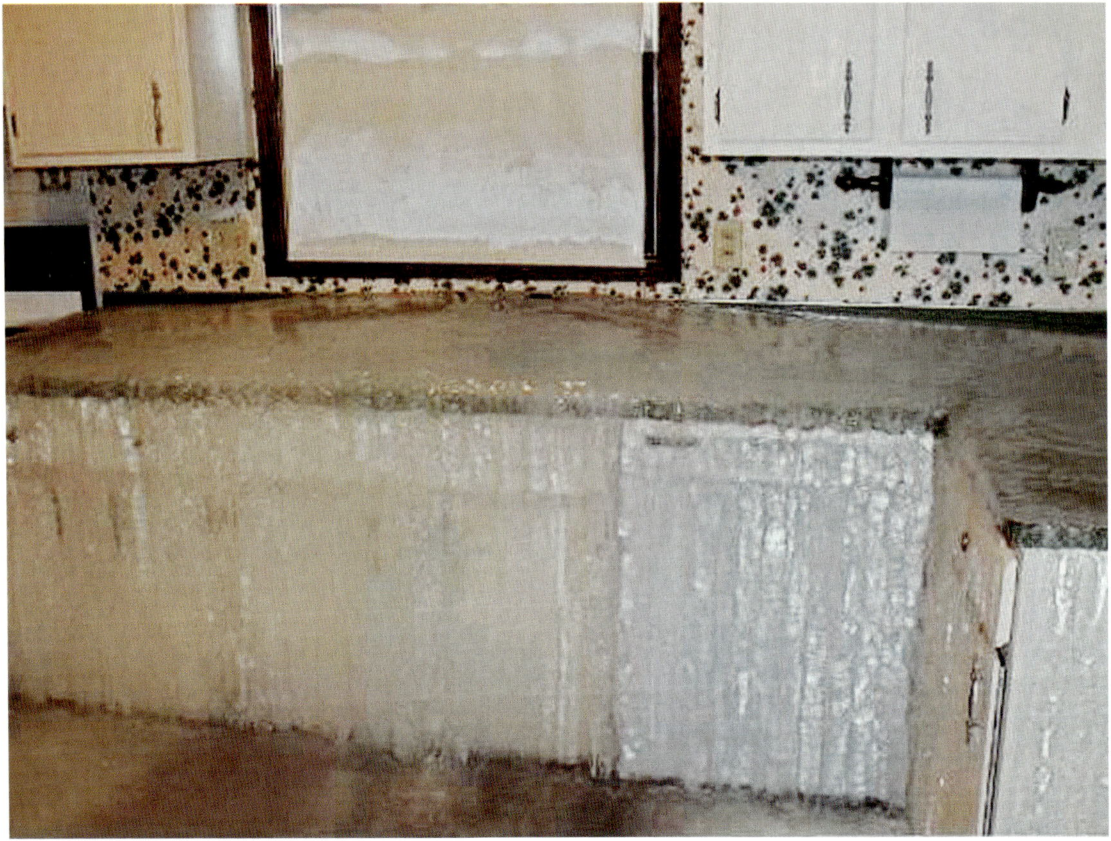

Der Makler versicherte uns, dass sich die Küchenschränke öffnen lassen, wenn das Eis im Frühjahr geschmolzen ist.

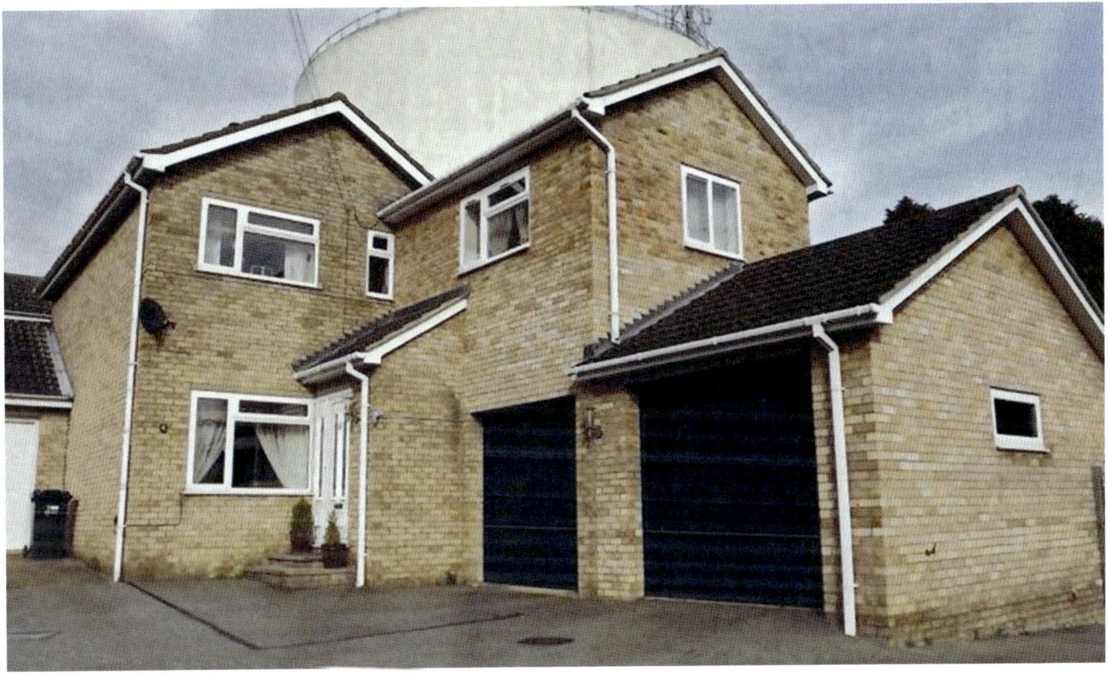

Makler müssen sich verstärkt in Acht nehmen vor den sogenannten »Fabrik-Fotobomben«.

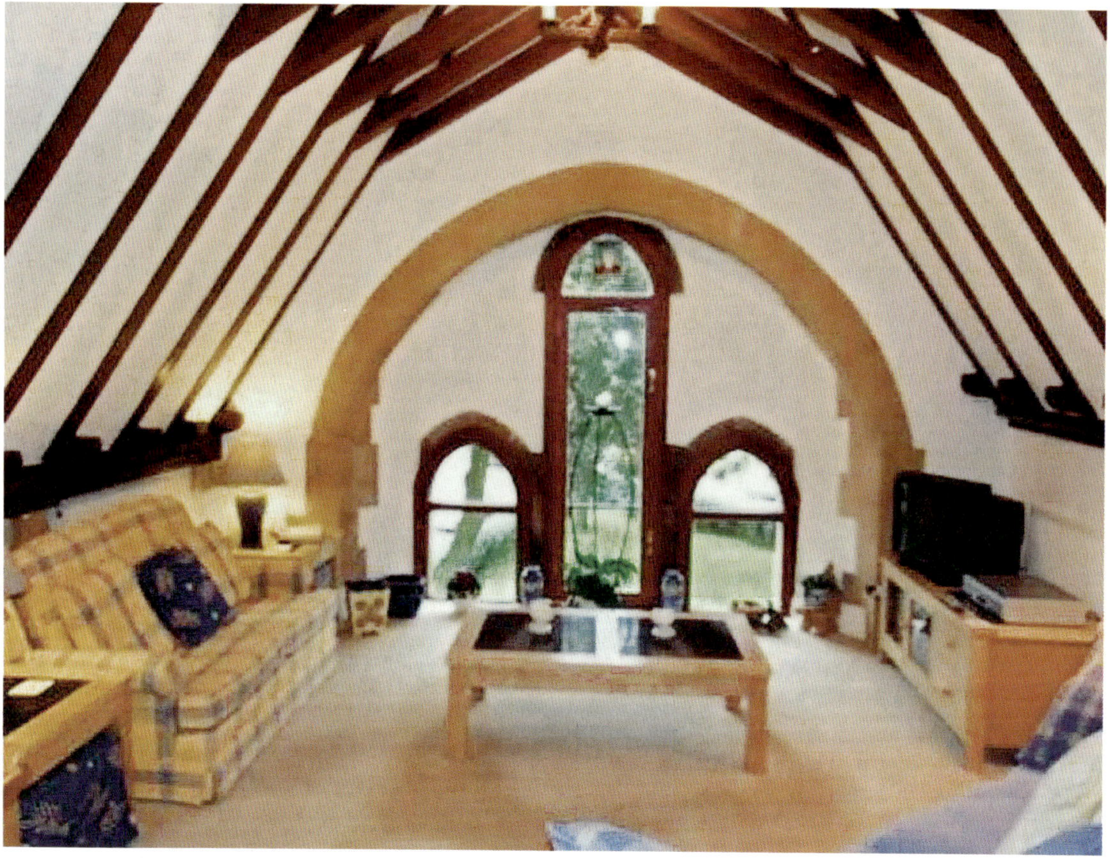

Seltenes Beispiel für das, was Architekturhistoriker als »Fruchtbarkeitsfenster« bezeichnen.

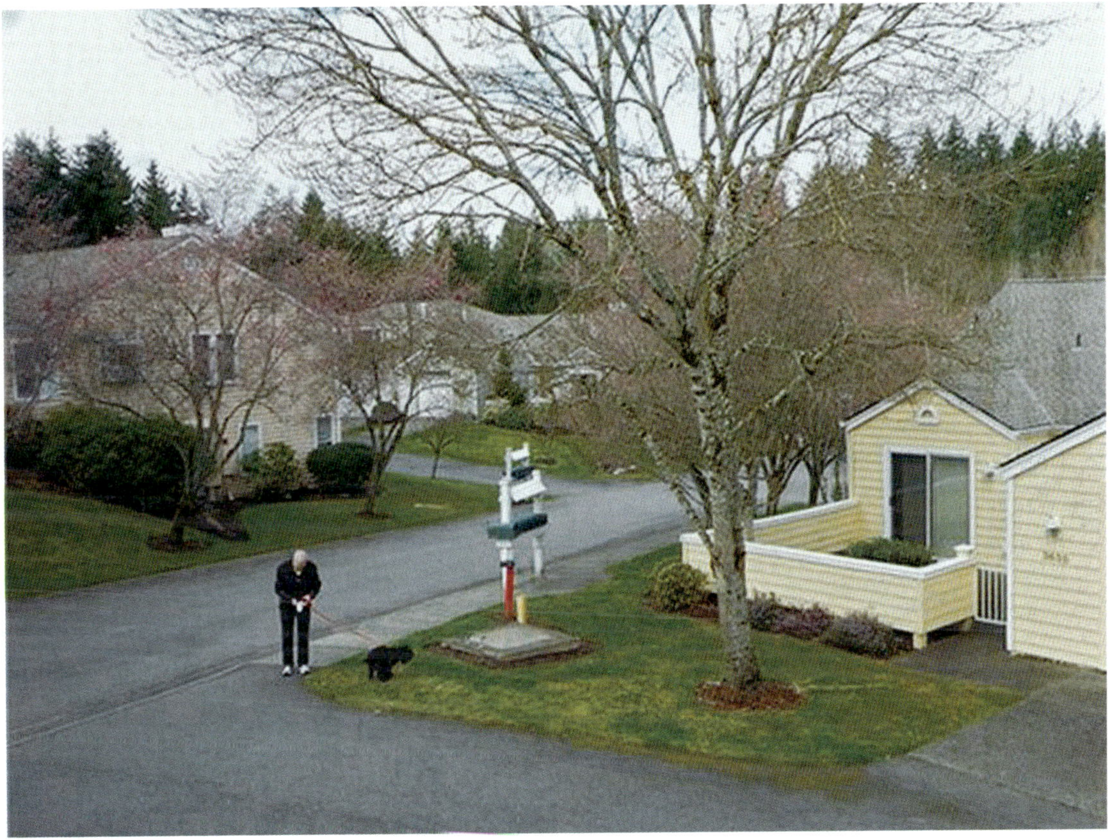

Die Immobilie liegt in einer bei Gassigehern ausgesprochen beliebten Gegend: Die schönsten Gassiszenen können von den Fenstern im Obergeschoss aus genossen werden.

2014 führte die Website GoCompare.com
eine Umfrage unter Hausbesitzern
in Großbritannien durch,
woraus die Top 20 der Abtörner für
Wohnungssuchende entstand.

Im Folgenden die Ergebnisse in
steigender Scheußlichkeit …

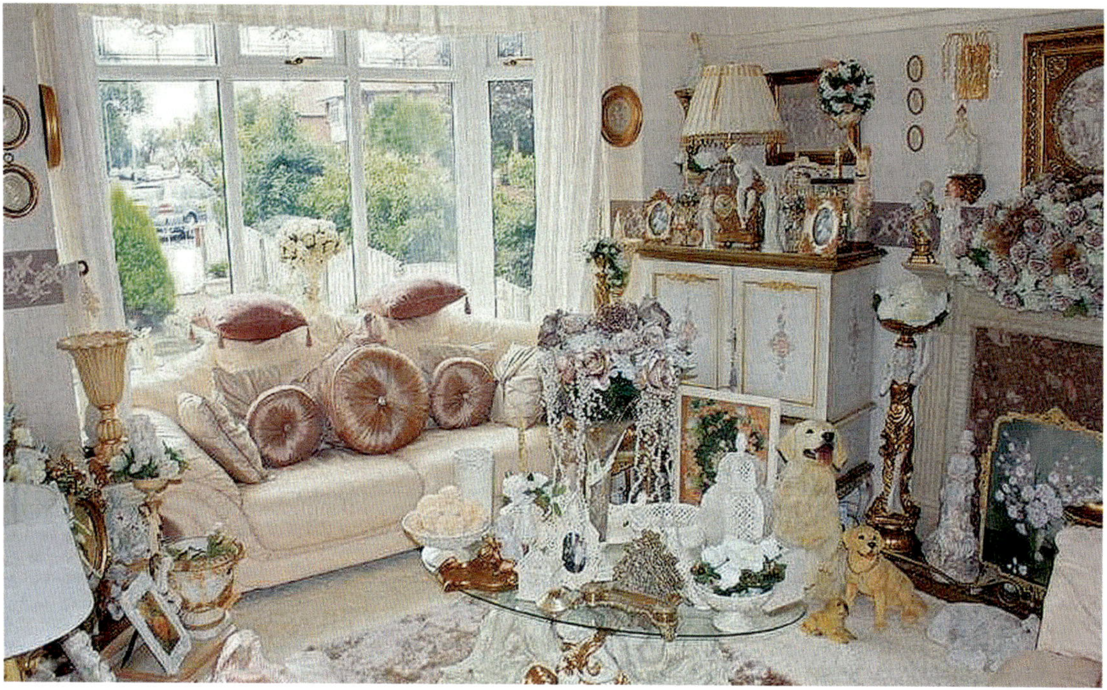

Für Sie ist das »überladen«. Für einen ukrainischen Diktator eher schlicht.

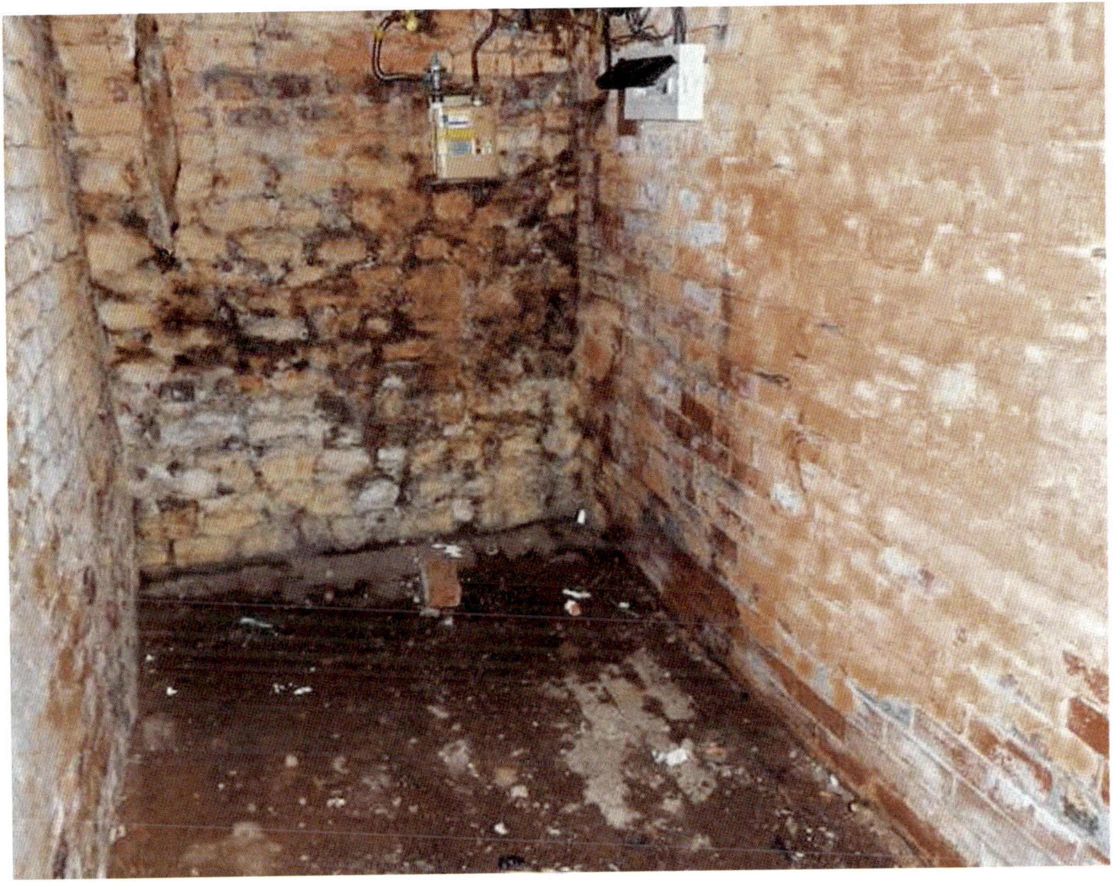

Altmodisch im Sinne von prähistorisch.

19 Unaufgeräumte Zimmer

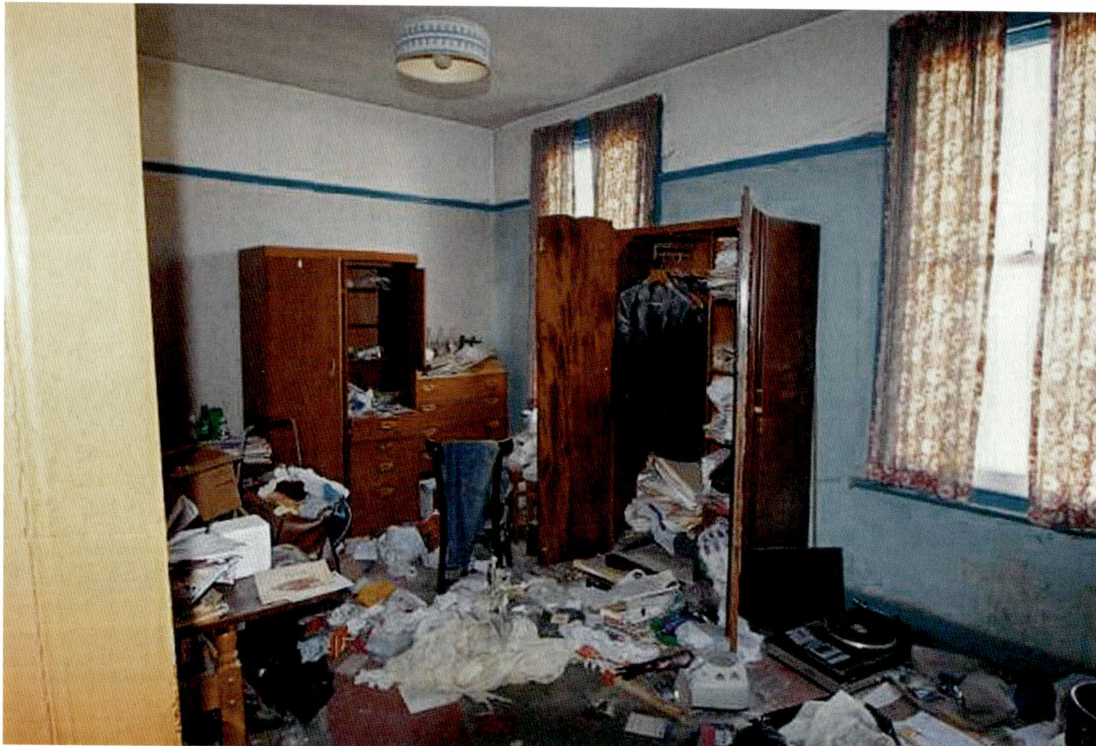

Eine professionelle Reinigungskraft könnte dieses Zimmer im Nullkommanix in Ordnung bringen. Speziell wenn sie einen Flammenwerfer einsetzt und die Erlaubnis hat, das Gebäude abzureißen.

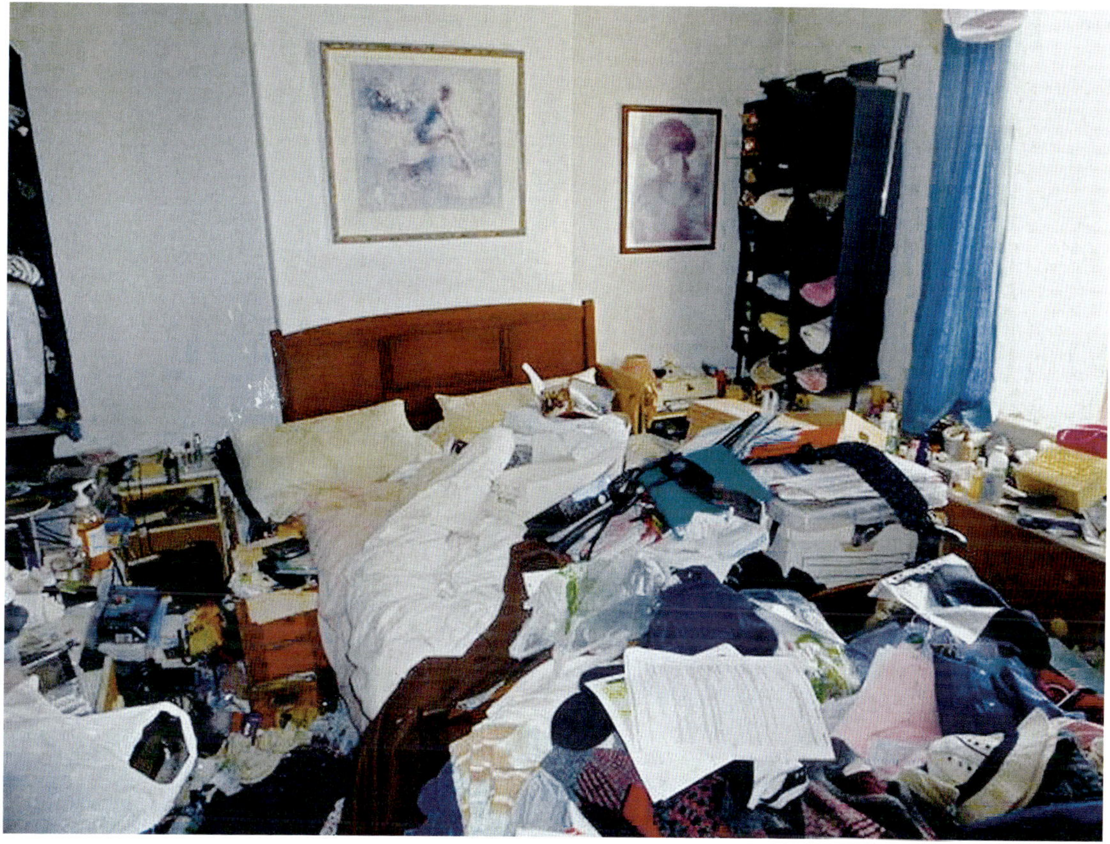

Na ja. Gib mir fünf Minuten, dann sieht das hier wieder tadellos aus.

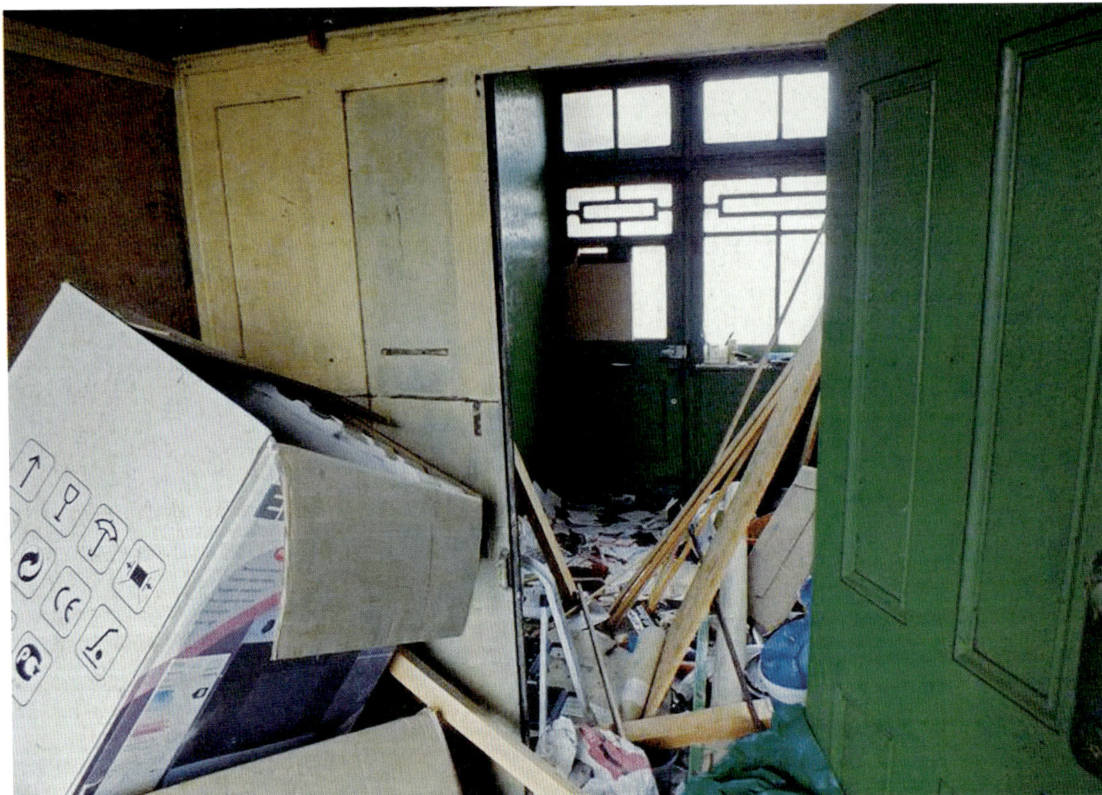

Nicht so sehr »allgemeine Unordnung« als »allgegenwärtiges Chaos«.

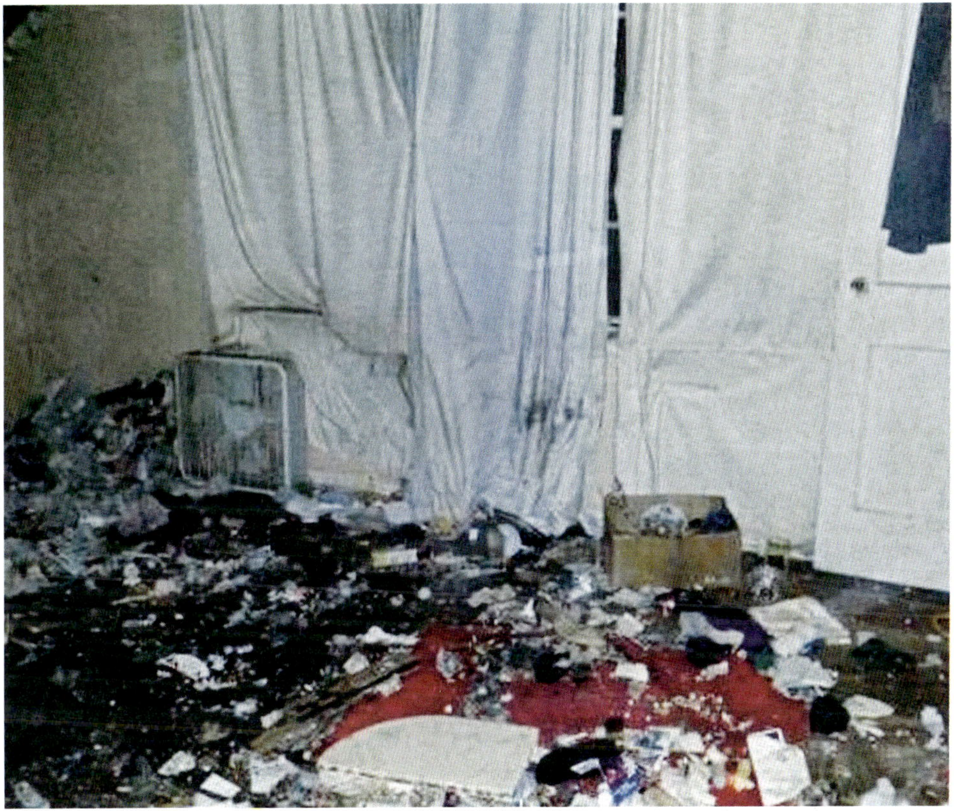

Der Einsatz eines starken Ventilators kann Platz schaffen.
Nicht zu verwechseln mit Ordnung.

17 Zugewucherter Garten

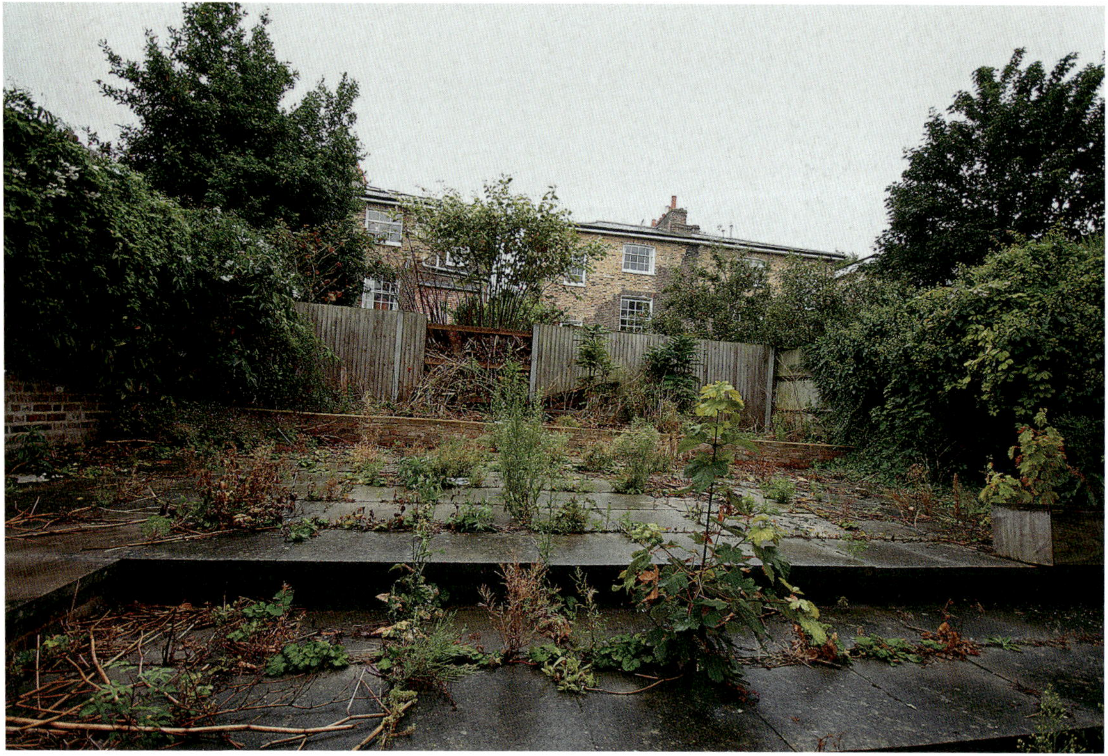

Das Pflastern dieses Gartens hat ihn nur vorübergehend in Schach gehalten. Langsam, aber sicher kommt er zurück.

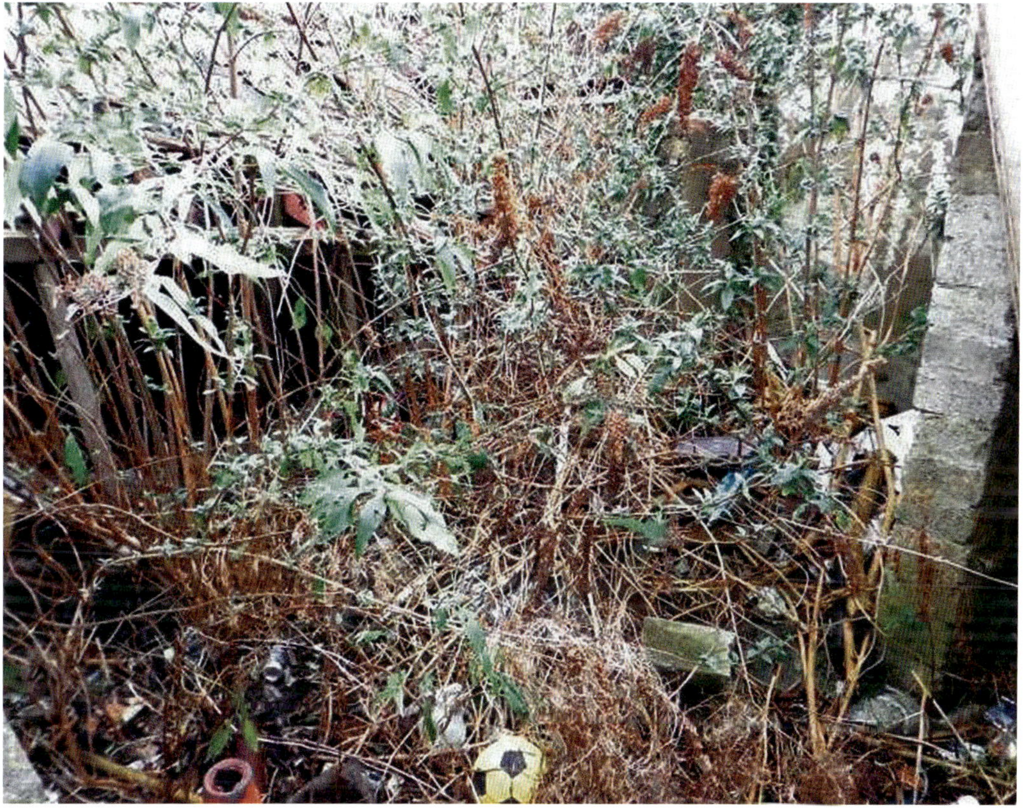

Die Person, die hier eine Partie Fußball vorschlug,
war womöglich eine kleine Spur zu optimistisch.

16 Kunststofffenster

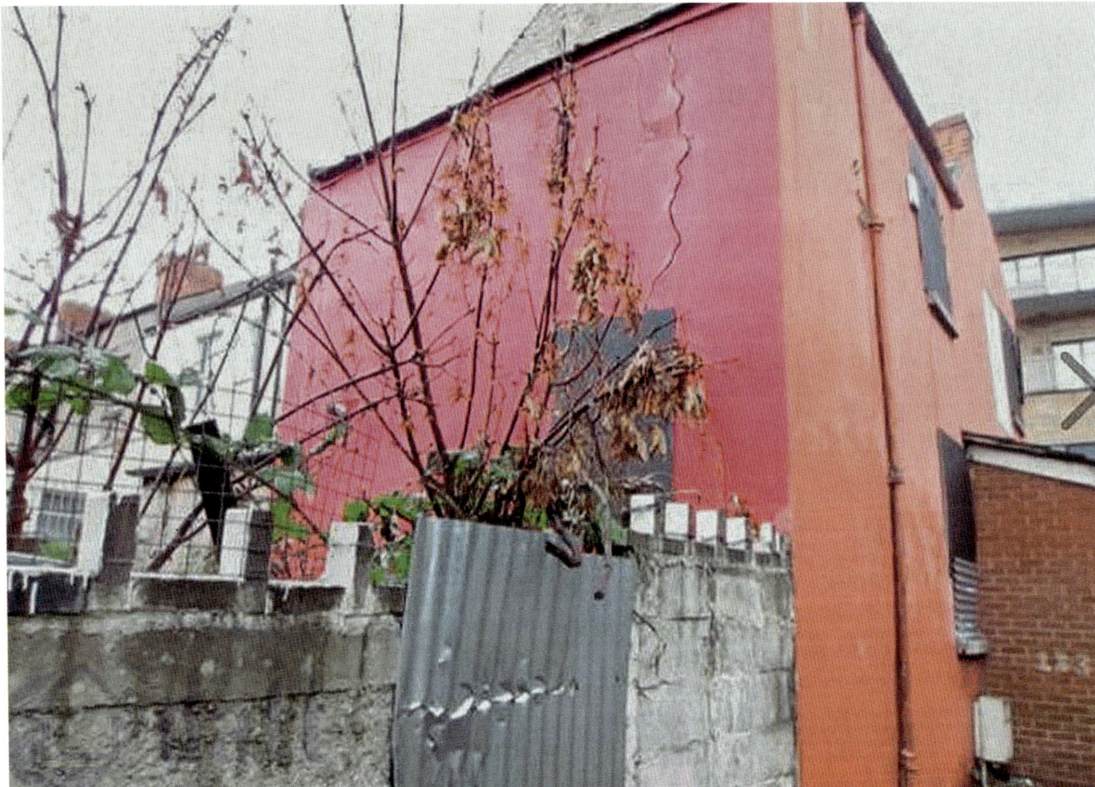

Man versichert uns, sie *werden* aus Kunststoff sein.

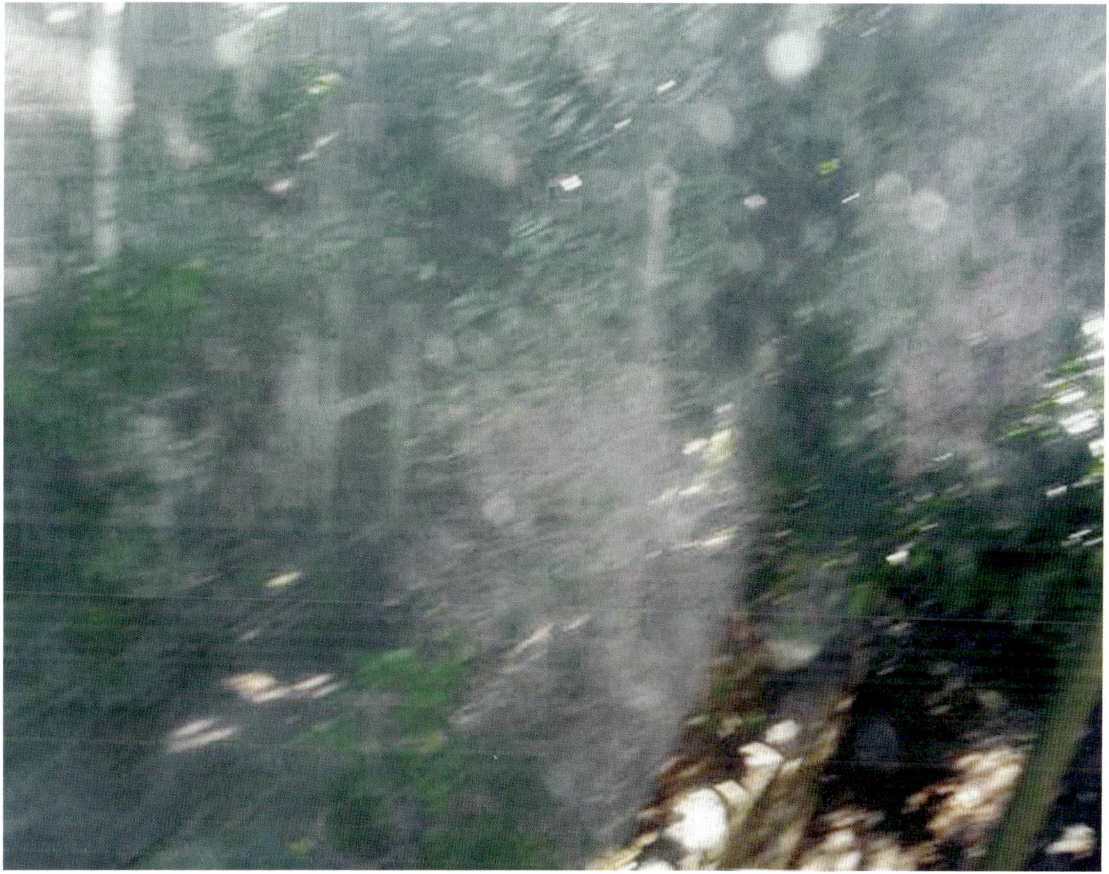

Vielleicht sind sie aus Kunststoff, vielleicht auch nicht.
Sie sind jedenfalls fast durchsichtig, was wollen Sie mehr?

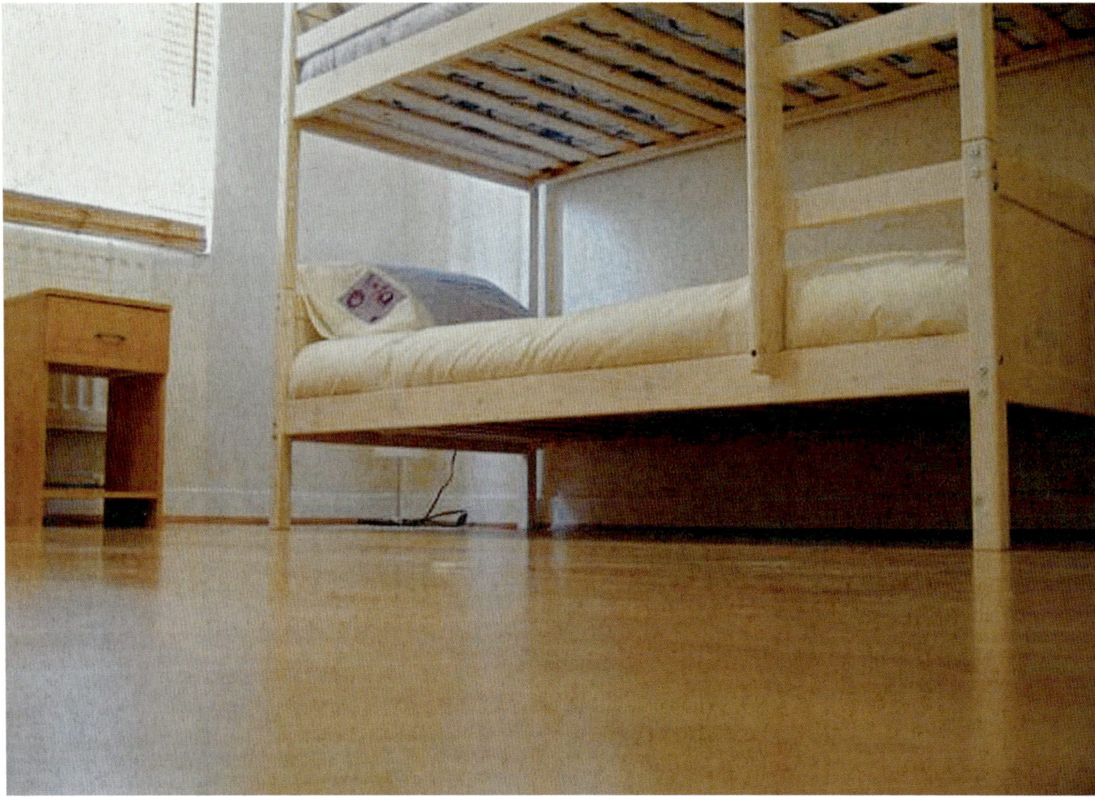

Leicht gelöst. Konzentrieren Sie sich einfach auf den Boden.

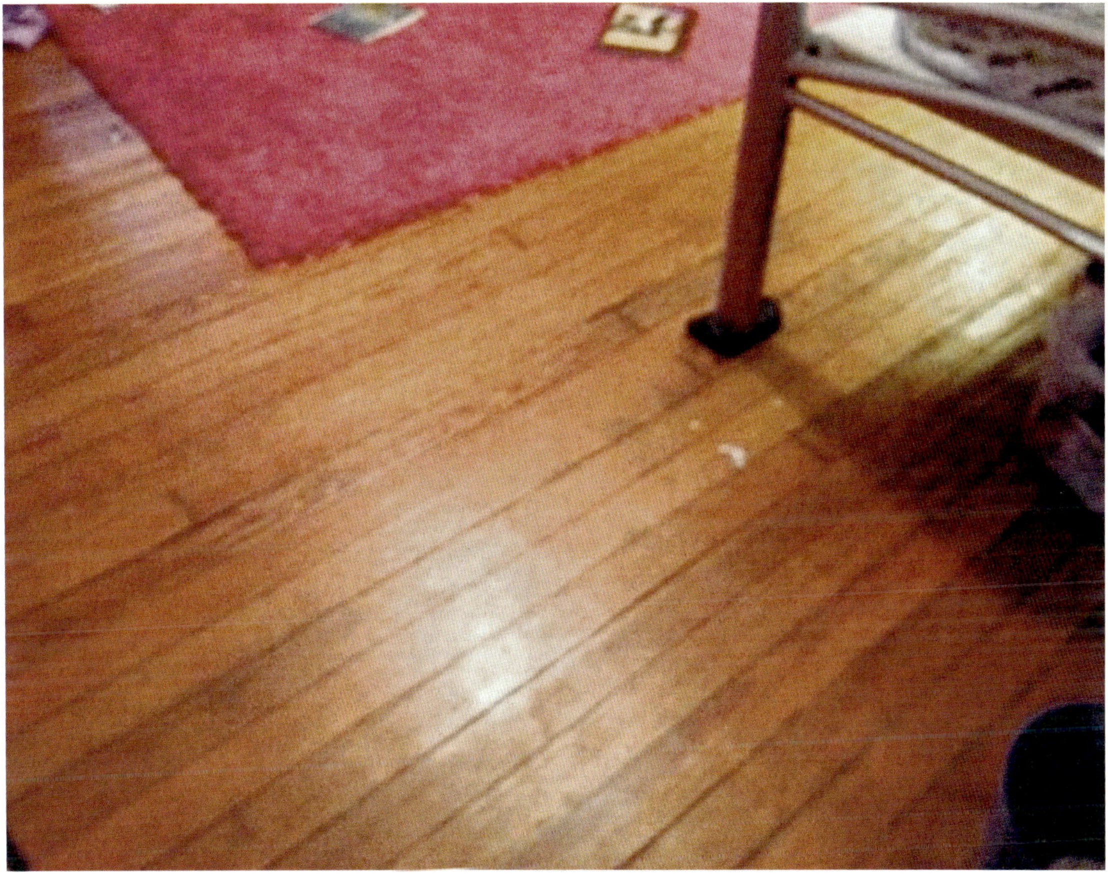

Jegliches Interesse an den Decken ist somit beseitigt.

14 Altmodische Küche

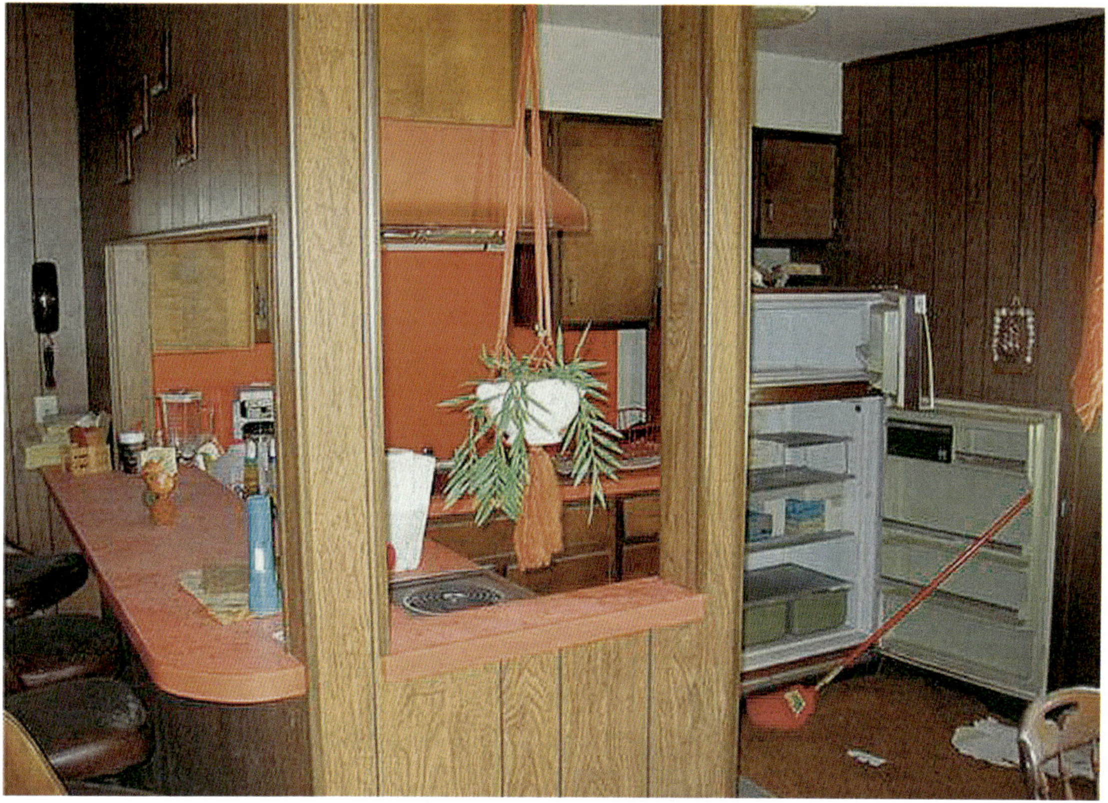

Altmodisch? Ja. Aber abstoßend? Nein. Naja ... Okay. Ja. Auch das.

13 Altmodisches Bad

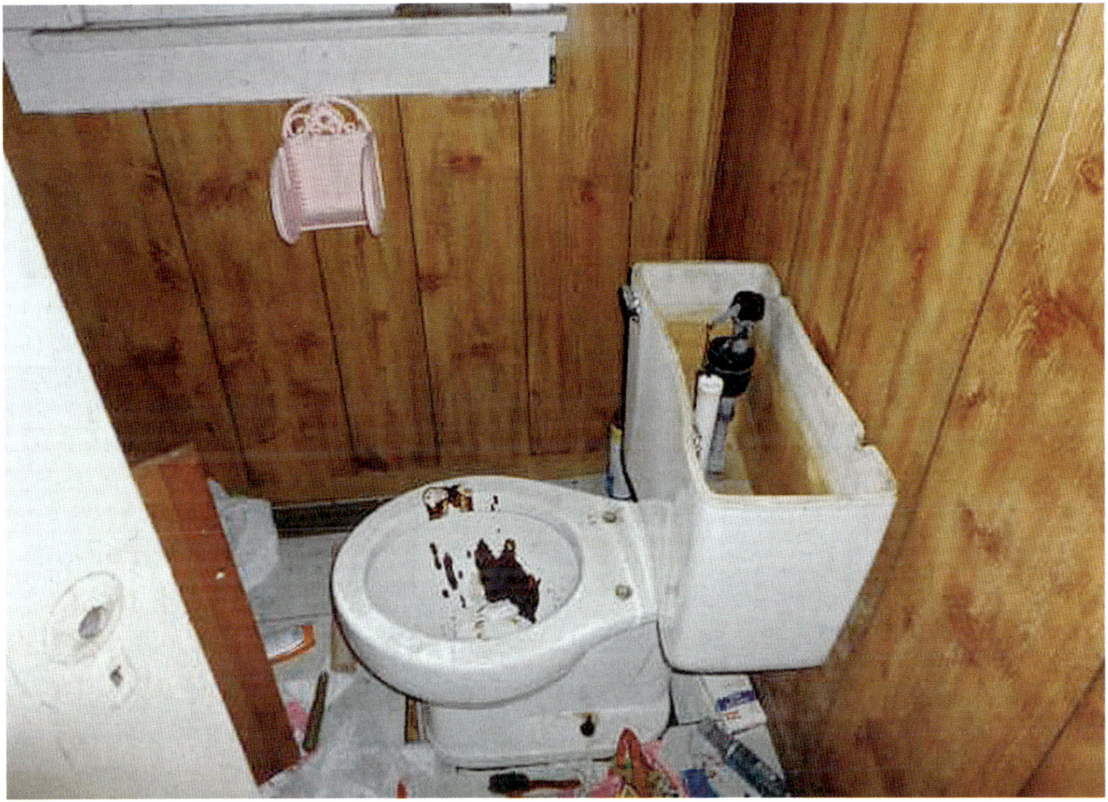

Nicht unbedingt »altmodisch«. Sagen wir einfach: »Seine besten Zeiten sind vorbei.«

12 Steinputz, Dreilagenputz oder Kieselrauputz an der Außenfassade

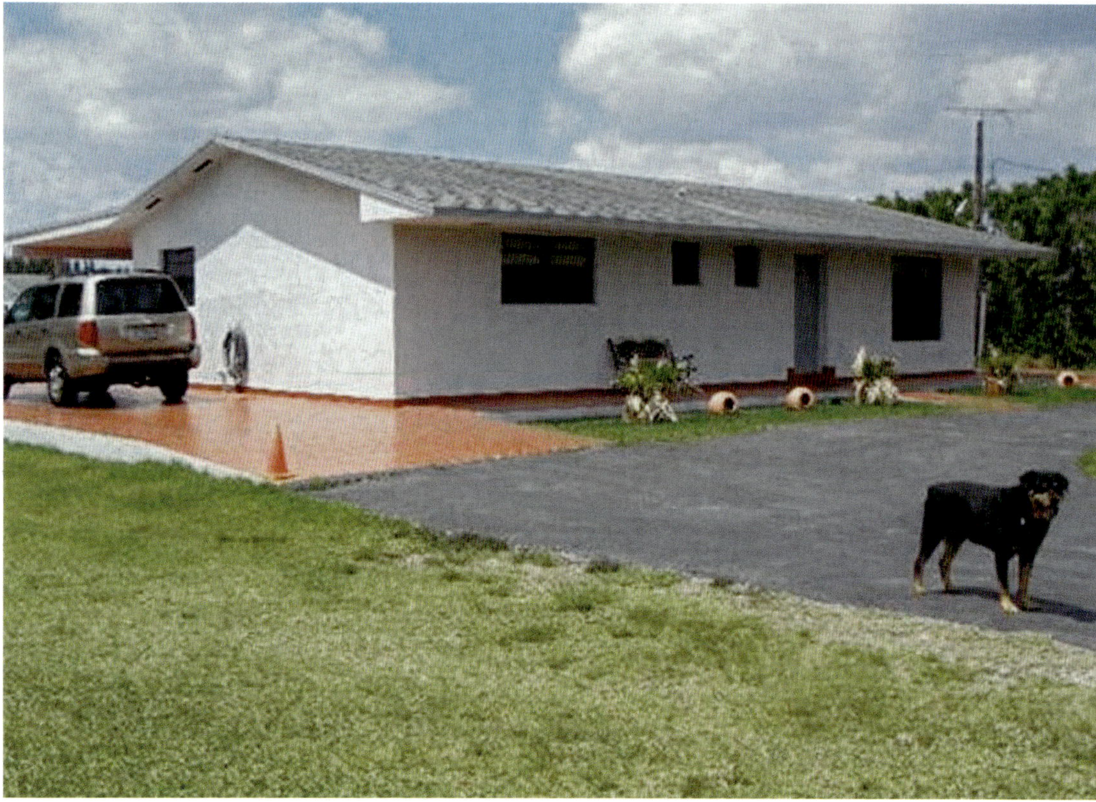

Könnte eins der Drei sein. Schauen Sie mal nach.

11 Dreckiges Haus

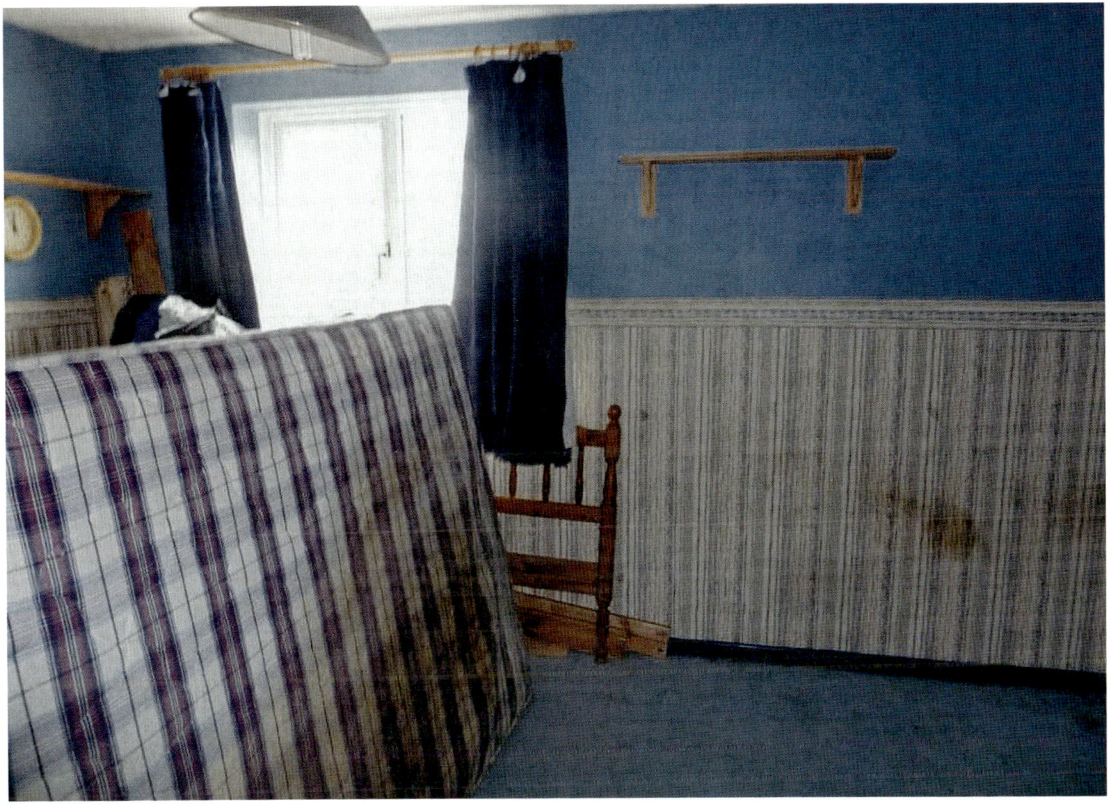

Dreckiges Protest-Haus.

10 Schlechte Heimwerkerarbeit

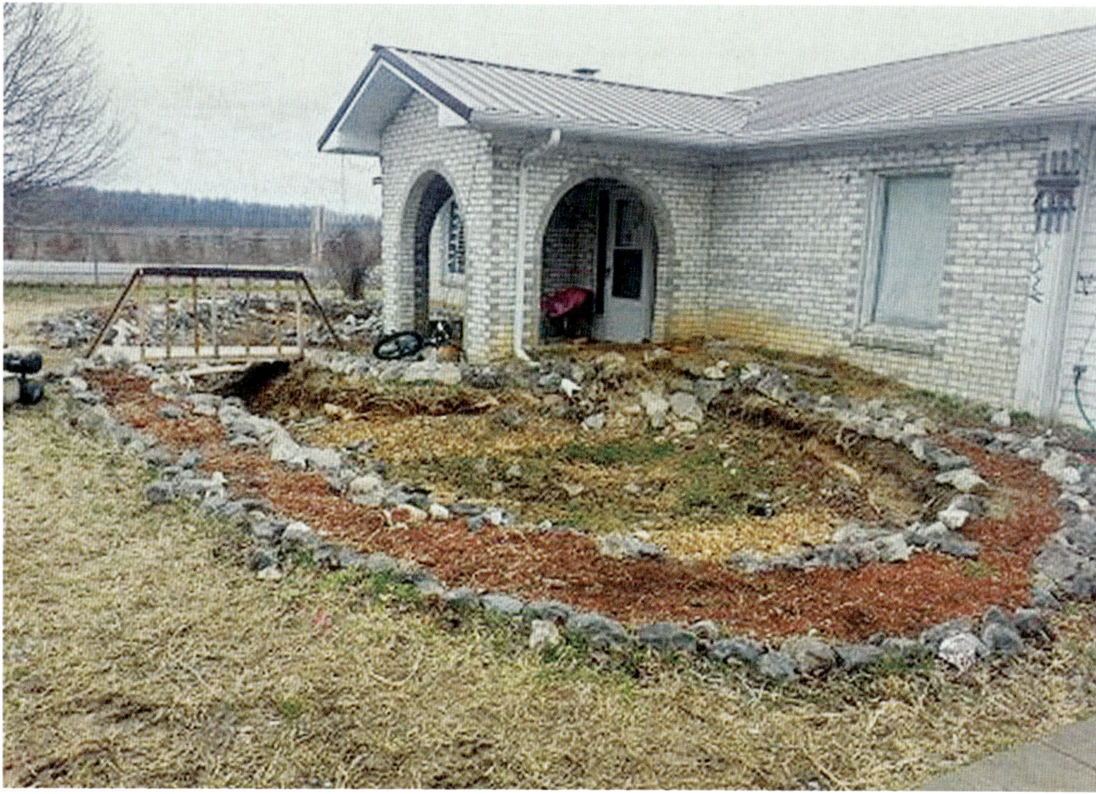

Stimmt. Manches überlässt man besser den Fachleuten. Auffahrten beispielsweise.

9 Kleine Küche

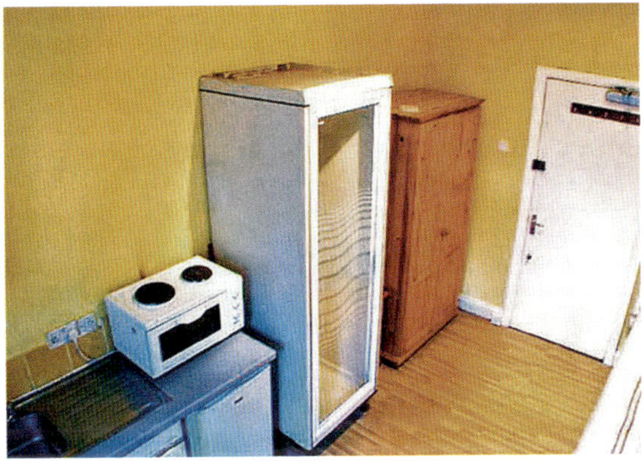

Kleine Küche, großer Kühlschrank. Oder handelt es sich dabei etwa um eine Dusche? Und um ein normalgroßes Badezimmer?

Wenn ein Kühlschrank das Ende seiner Teenagerzeit erreicht hat, müssen sich die Besitzer für gewöhnlich ernsthafte Gedanken über eine größere Wohnung machen.

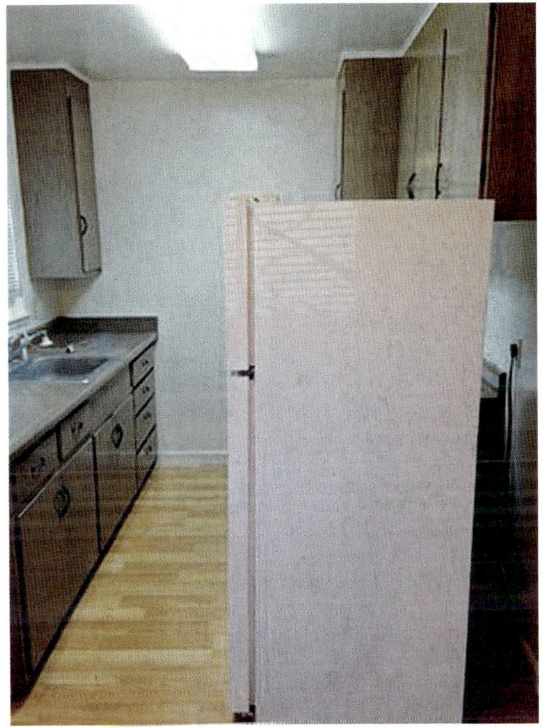

8 Kleine Zimmer im Allgemeinen

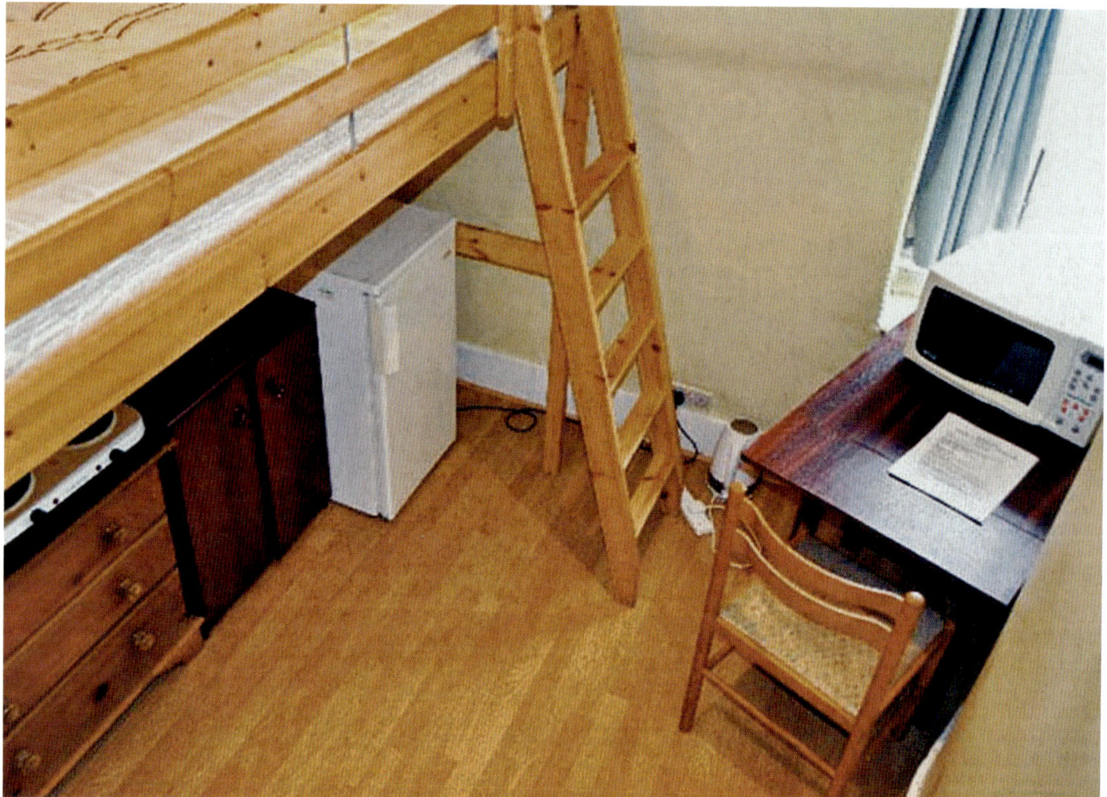

So extrem klein, dass kaum genug Platz ist, um gemütlich Mikrowelle zu schauen.

7 Nicht abgeschlossene Bauarbeiten

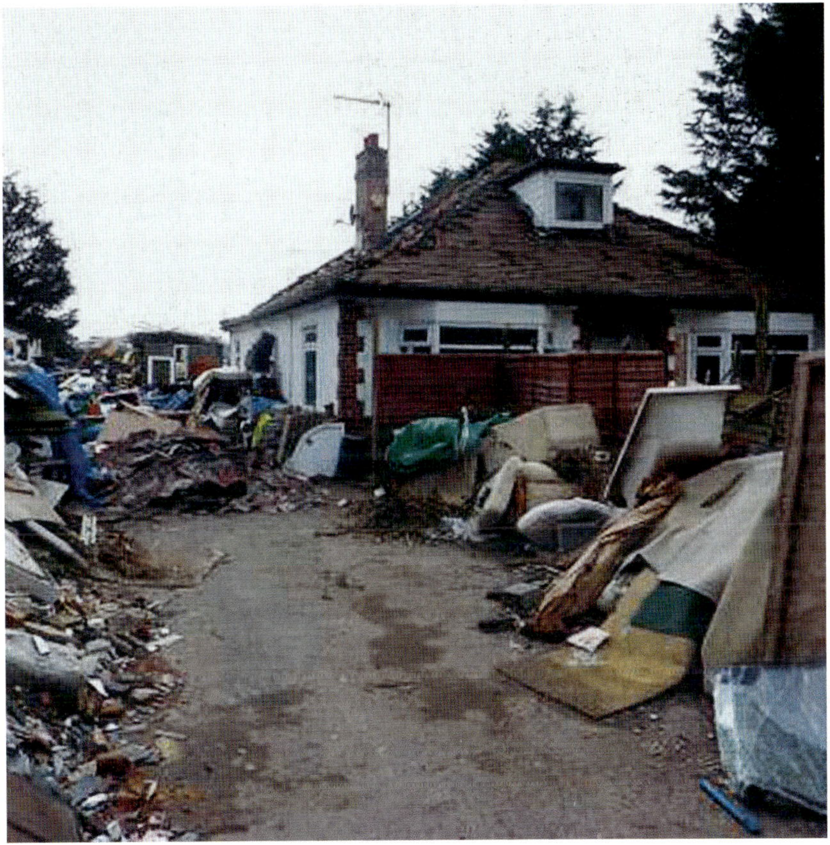

Wer behauptet,
sie seien
noch nicht
abgeschlossen?

6 Wenig Tageslicht, dunkle Zimmer

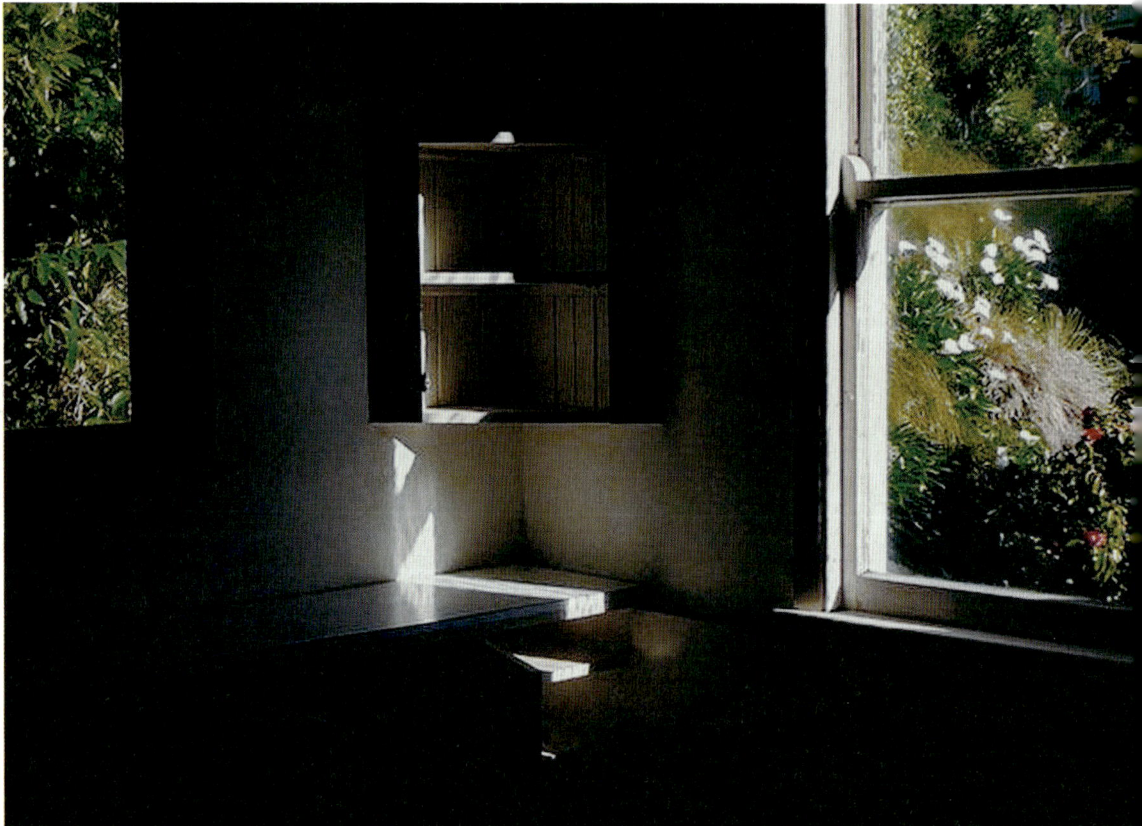

◁ Ein seltenes Beispiel
für ein dunkles Zimmer
mit viel Tageslicht.

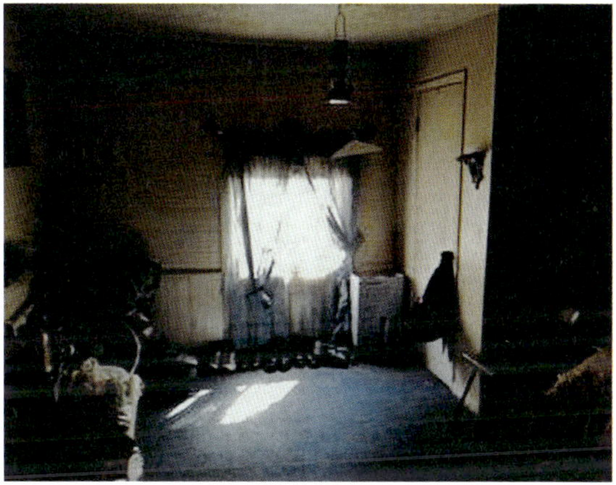

Die Trostlosigkeit wird clever abgemildert durch Dunkelheit und mangelnden Lichteinfall.

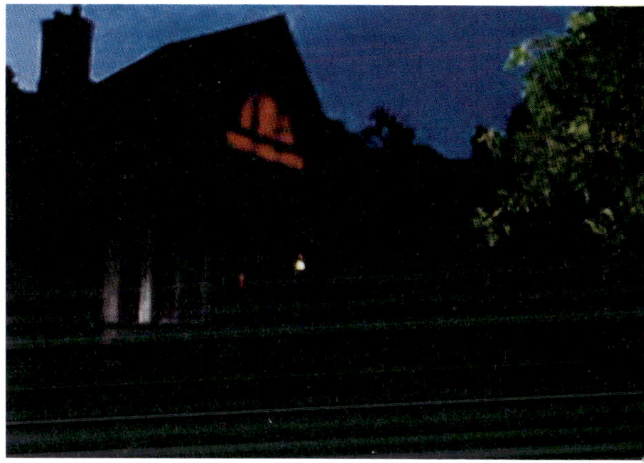

Doch, es gibt hier jede Menge natürliches Licht, aber erst in acht Stunden.

5 Keine Parkplätze

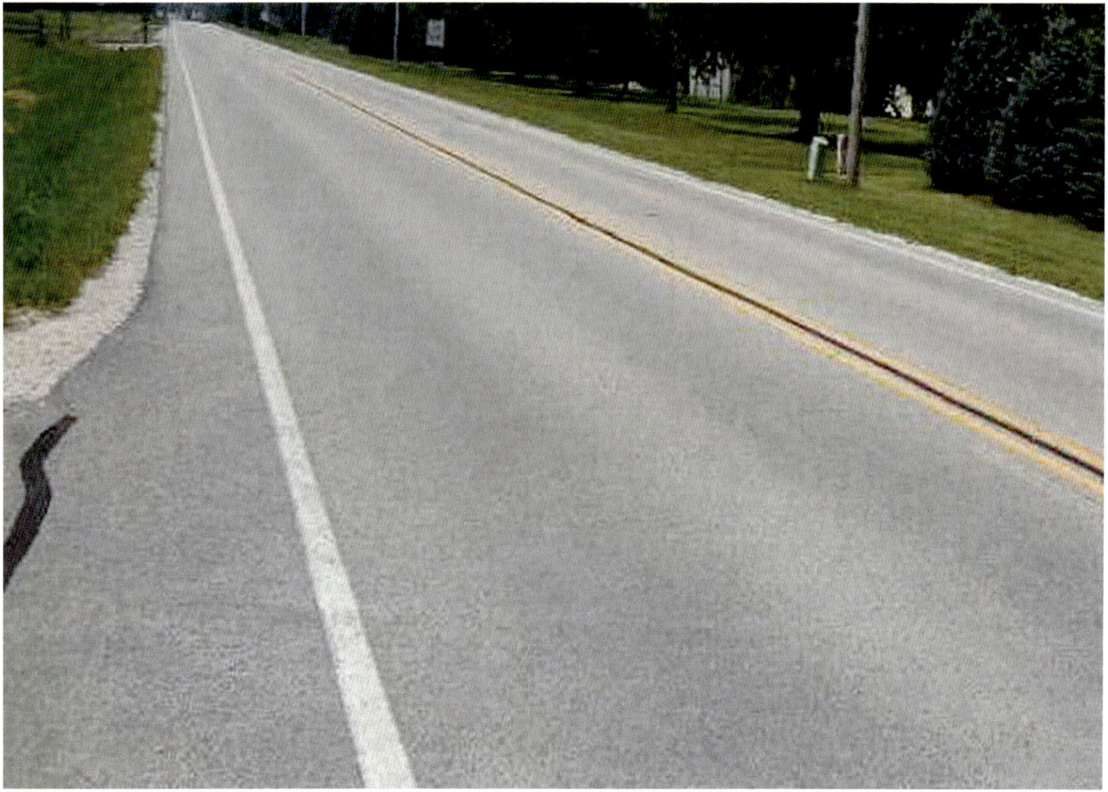

Nur, wenn Sie nicht bei hoher Geschwindigkeit und auf der Schnellstraße parken wollen.

4 Gestank, inklusive Tiergeruch

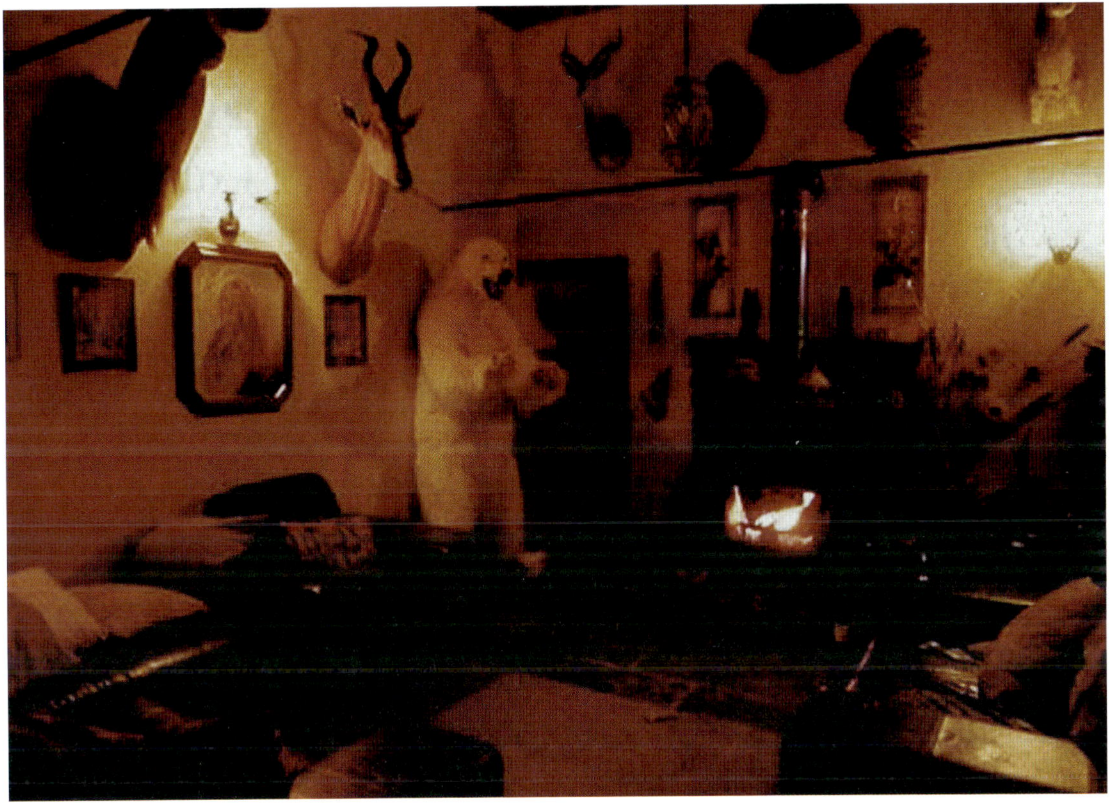

Kommt ganz darauf an, ob die Tiere fachgerecht ausgestopft worden sind.

3 Kein Garten

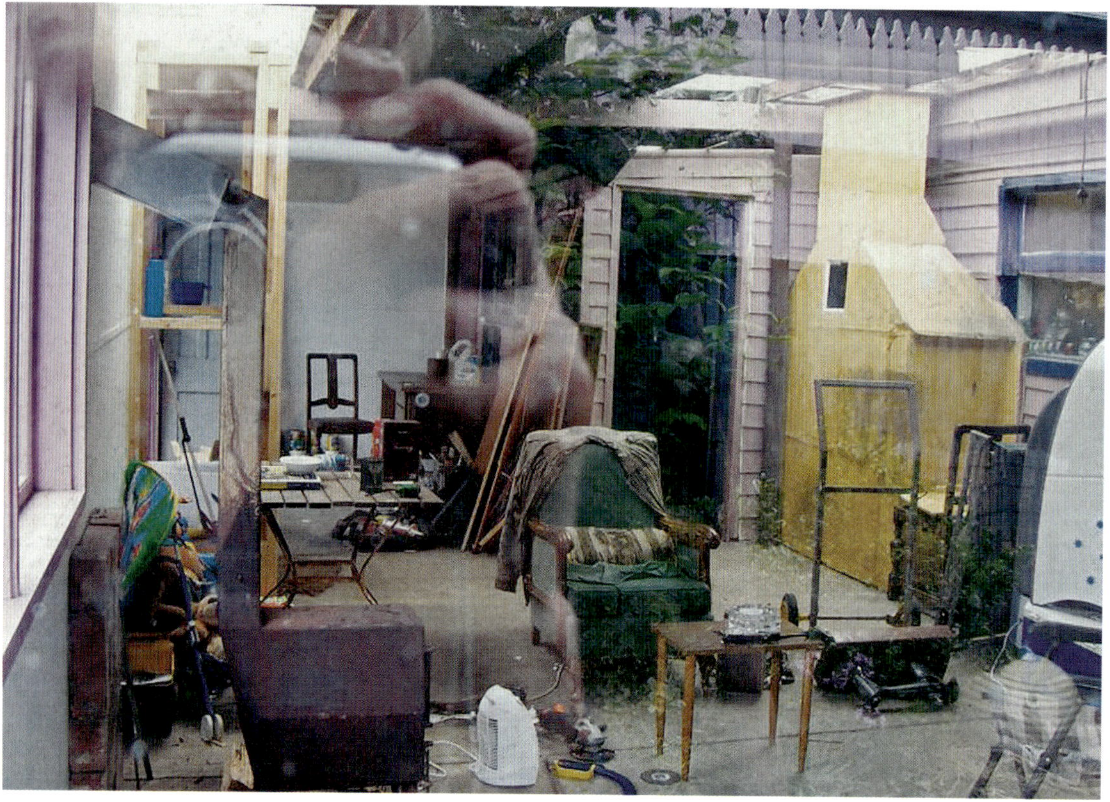

Erwischt. Nicht so sehr der fehlende Garten als das fehlende Hausinnere.

2 Reparaturbedürftiger Zustand

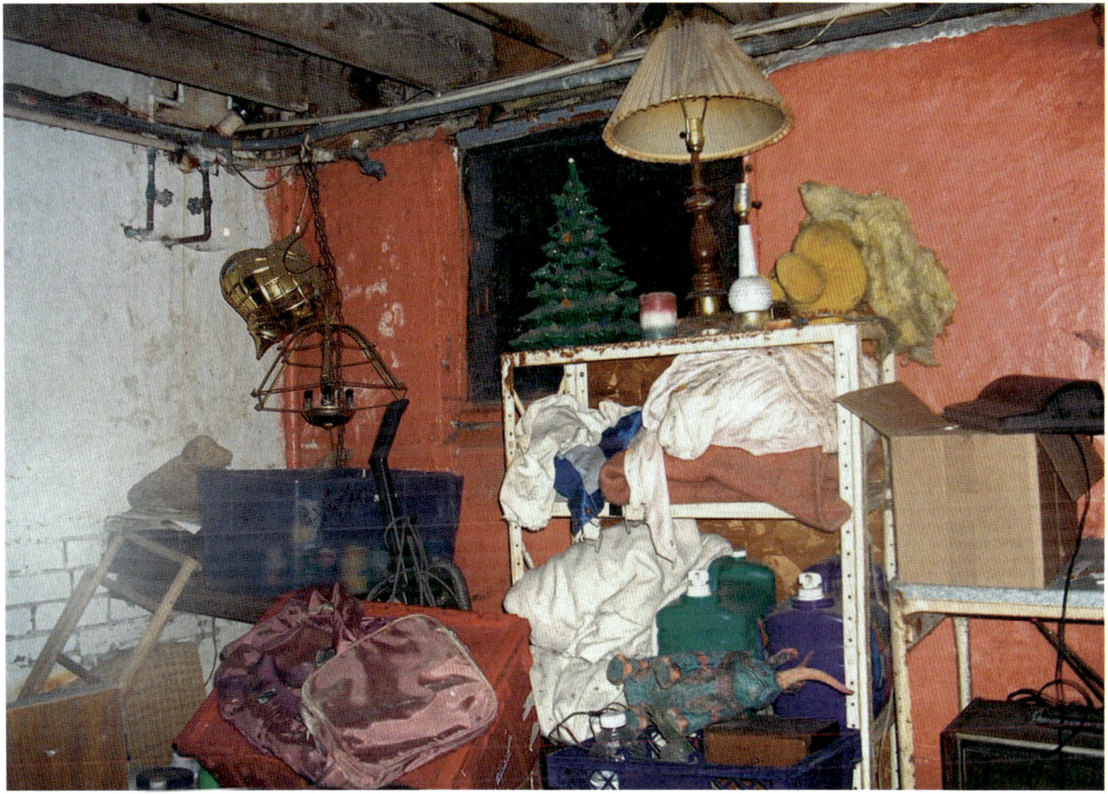

Mag sein, aber Weihnachten … Hach! Die schönste Zeit des Jahres.

1 Feuchte Flecken, schmutzige Decken und Wände

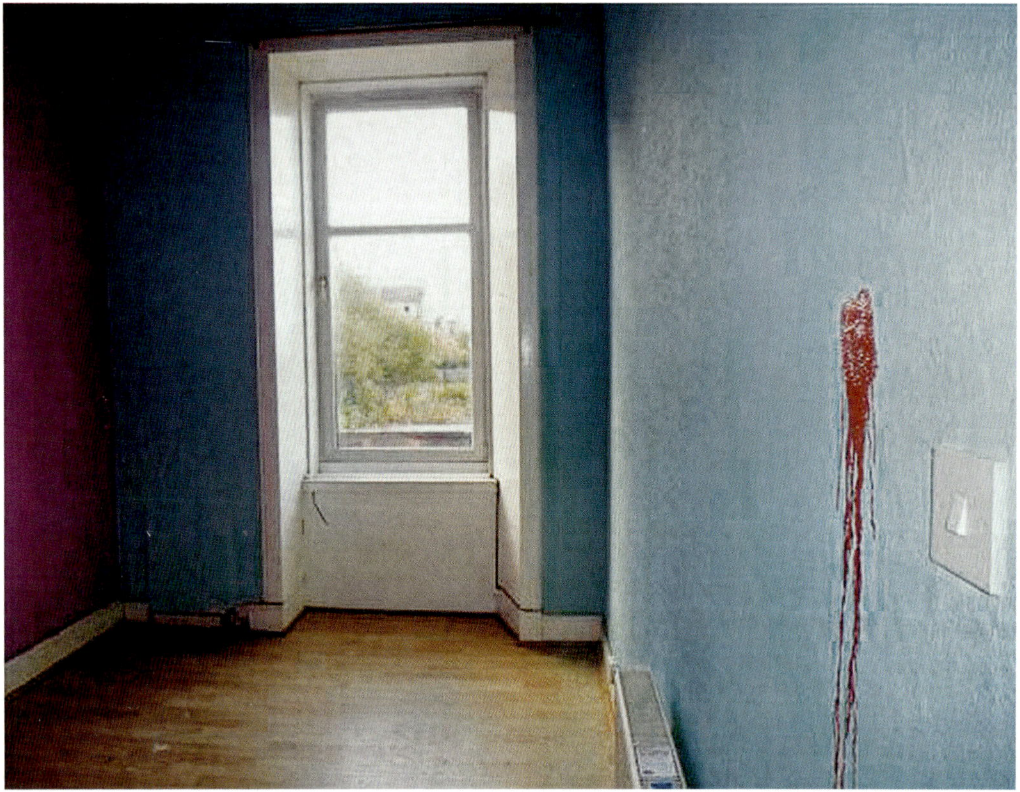

Alles relativ. Manch einer würde für feuchte Flecken einen Mord begehen.